MI DEBILIDAD, SU FORTALEZA

LECTURA
FÁCIL

MI DEBILIDAD, SU FORTALEZA

La vida anclada en Jesús

J. I. PACKER

Un agradecimiento especial a Steven Purcell, cuya invitación renovada a Laity Lodge disparó mi temática; a Lane Dennis, que me presionó para que publicara el material; y a Scott Barber, que pulió mi desordenado manuscrito.

Mi debilidad, Su fortaleza

B&H Publishing Group
Nashville, TN 37234

Diseño de portada e ilustración por Matt Lehman

ISBN: 978-1-0877-3639-6

Impreso en EE. UU.

1 2 3 4 5 * 24 23 22 21

CONTENIDO

Prefacio a la serie

Leer no tiene que ser difícil, ni mucho menos aburrido. El libro que tienes en tus manos pertenece a una serie de *Lectura fácil*, la cual tiene el propósito de presentar títulos cortos, sencillos, pero con aplicación profunda al corazón. La serie *Lectura fácil* te introduce temas a los que todo ser humano se enfrenta en la vida: gozo, pérdidas, fe, ansiedad, dolor, oración y muchos más.

Este libro lo puedes leer en unas cuantas horas, entre descansos en tu trabajo, mientras el bebé toma su siesta vespertina o en la sala de espera. Este libro te abre las puertas al mundo infinito de la literatura, y mayor aún, a temas de los cuáles Dios ha escrito ya en Su infinita sabiduría. Los autores de estos libros te apuntarán hacia la fuente de toda sabiduría: la Palabra de Dios.

Mi oración es que este pequeño libro haga un gran cambio en tu vida y que puedas regalarlo a otros que van por tu misma senda.

Gracia y paz,

Giancarlo Montemayor
Director editorial, Broadman & Holman

Sobre la debilidad

> Guíame, oh gran Jehová,
> Peregrino por esta tierra estéril.
> Soy débil...
> **William Williams**

El fuerte y el débil

En The House at Pooh Corner [El rincón de Pooh], la segunda en la encantadora colección de A. A. Milne de las aventuras del osito Winnie-the-Pooh, conocemos a la exigente mamá Kanga, la cual considera de vital importancia que su hijito despreocupado y aventurero, Roo, tome con regularidad su medicina fortalecedora. ¿Para qué? Para crecer bien fuerte, claro está. ¿Y qué significa eso? La fuerza es algo físico, moral y relacional. Las personas fuertes pueden levantar objetos pesados, defender resueltamente lo correcto de lo incorrecto, guiar y estar al frente de un grupo, y en cualquier situación, como solemos decir, marcar una diferencia. Las personas fuertes acarrean un peso personal, el cual, cuando se las provoca, pueden usar a su favor para influir. Las personas fuertes se ganan la admiración de los demás por sus habilidades, y el respeto por sus logros. Kanga quiere que Roo sea fuerte, así como otros padres quieren que sus hijos sean fuertes, y tal como los comandantes y los entrenadores quieren que las personas a las que instruyen sean fuertes... es decir, fuertes en acción.

Esta es la perspectiva del mundo, y desde cierto punto de vista, es también la perspectiva de Dios, como lo demuestran las siguientes exhortaciones:

• Dios a Josué, al cual estaba estableciendo como el sucesor de Moisés: «Sé fuerte y valiente» (Jos. 1:6-7, 9), dicho tres veces para enfatizar.

• Pablo a los efesios, preparándolos para la guerra espiritual: «Fortalézcanse con el gran poder del Señor» (Ef. 6:10).

• Pablo a Timoteo, animándolo para la función pastoral para la cual lo designó Pablo: «Fortalécete por la gracia que tenemos en Cristo Jesús» (2 Tim. 2:1).

Está claro que es correcto apuntar a ser espiritualmente fuerte, e incorrecto conformarse con menos.

Pero ahora, miremos debajo de la superficie. ¿Por qué eran necesarias estas exhortaciones?

Respuesta: para disipar, de ser posible, la sensación de debilidad que estaba presente antes. Es probable que Josué, al escuchar a Dios, y Timoteo, al leer las palabras de Pablo, sintieran temor en lo profundo de su ser. Continuar con el ministerio de Moisés como líder de Israel y con el de Pablo como plantador de iglesias eran dos tareas inmensas; no sería de extrañar que estos hombres sintieran que no daban la talla. En otras palabras, se sentían débiles. Y, sin duda, en relación con sus tareas asignadas, eran débiles, y si no hubieran encontrado fortaleza en Dios, jamás habrían salido airosos.

Porque, ¿qué es la debilidad? La idea de principio a fin es la de insuficiencia. Hablamos de debilidad física refiriéndonos a una falta de vigor y energía, y tal vez de salud corporal, de manera que uno no puede mover muebles o abordar ninguna tarea pesada en el jardín. Hablamos de debilidad intelectual refiriéndonos a la incapacidad de realizar ciertos trabajos intelectuales, como por ejemplo, la inhabilidad casi absoluta de C. S. Lewis de resolver problemas matemáticos, y mi propia ineptitud en esa área. Hablamos de debilidad personal indicando que a una persona le falta resolución, firmeza de carácter, dignidad y la capacidad para asumir el mando. Hablamos de una posición débil cuando a alguien le faltan los recursos necesarios y no puede hacer avanzar una situación o influenciar circunstancias como se esperaría. Hablamos de debilidad relacional cuando las personas que deberían estar liderando y guiando no lo hacen: padres débiles, pastores débiles, etc. Todos los días, nos encontramos afirmando la insuficiencia de los demás en diversas cuestiones.

En una caricatura de *Peanuts* de hace mucho tiempo, Lucy le pregunta a un abatido Charlie Brown por qué está tan preocupado. Charlie le responde: «Me siento inferior». «Ah —le dice Lucy—, no te preocupes por eso. Mucha gente siente lo mismo». «¿Qué cosa, que son inferiores?», pregunta Charlie. «No, que tú eres inferior», comenta Lucy. Como alguien a quien le encantan los juegos de palabras, me declaro culpable de considerar encantador este intercambio. Pero sé que a algunos les resultará un chiste débil, insensible, sin gracia y por cierto, cruel: una Lucy *vintage*, nada más y nada menos, burlándose de la angustia sombría de Charlie y confirmando implícitamente su autoevaluación lúgubre. No obstante, ilustra la facilidad con la cual, en forma justificada o no, aquellos que se consideran fuertes pueden restregar y avivar la sensación de debilidad que otros ya tienen. Si las personas que se sienten débiles no detestaran esa sensación, el chiste no funcionaría; y si aquellos que por el momento no tienen ninguna sensación de debilidad fueran más cuidadosos y refrenados en su manera de hablar de los demás y con los demás, el mundo tal vez sería un lugar menos doloroso. A menudo, relacionada con la sensación de debilidad (a veces como causa, otras como efecto), se encuentra la sensación de fracaso. El recuerdo de no haber dado la talla en el pasado puede persistir como una nube negra que se cierne sobre los propósitos actuales de uno y lo programan para el fracaso. La fe cristiana, que estimula una esperanza sólida y promete ayuda constante, debería disipar estos temores y expectativas, pero no siempre lo hace, y el ánimo que un cristiano debería brindarle a otro que lo necesita suele escasear.

Sin embargo, la verdad es que, en muchos aspectos, y por cierto en cuestiones espirituales, todos somos débiles e incapaces, y tenemos que aceptarlo. El pecado, que perturba todas las relaciones, nos ha incapacitado a todos de manera general. Tenemos que ser conscientes de nuestras limitaciones y permitir que esta conciencia provoque en nosotros humildad y desconfianza de nosotros mismos, y nos lleve a darnos cuenta de nuestra incapacidad en cuanto a nuestros propios recursos. Así, podemos entender nuestra necesidad de depender de Cristo, nuestro Salvador y Señor, a cada paso del camino, para practicar esa dependencia como uno de los hábitos constantes de nuestro corazón, y así descubrir lo que Pablo descubrió antes que nosotros: «porque, cuando soy débil, entonces soy fuerte» (2 Cor. 12:10). Pero me estoy adelantando.

PABLO Y LOS CORINTIOS

Nuestro propósito ahora es sondear 2 Corintios para iluminar la verdad que acabamos de expresar: que el camino de la verdadera fortaleza espiritual, el cual lleva a un fruto real en la vida y el servicio cristianos, es el camino humilde que nos conduce a no depender de nosotros mismos y a reconocer conscientemente nuestra debilidad en cuestiones espirituales. Esto se muestra más claramente en Pablo que en cualquier otro escritor del Nuevo Testamento, y se hace más evidente en 2 Corintios; porque allí, más que en cualquier otra de sus cartas, el apóstol escribe por una situación de resistencia. La iglesia de Corinto era más indisciplinada, rebelde e irrespetuosa con su fundador que cualquier otra iglesia que nació a través de la evangelización apostólica de Pablo. Las dos cartas a Corinto que tenemos nos muestran que los corintios tenían más lecciones que aprender y eran más lentos en aprenderlas que los efesios, los filipenses y los tesalonicenses. Claramente, Pablo había explicado lo mejor que podía a los corintios lo que es la autoridad apostólica y por qué debían formar sus vidas según su enseñanza, pero es evidente que esto no los impresionaba y no tenían ninguna intención de hacer lo que Pablo decía. Pablo los amaba y se los decía, pero se encontró con que ellos no correspondían a su amor. Aunque se había dedicado pródigamente a sus vidas, Pablo descubrió que otros maestros y otras enseñanzas eran más importantes para ellos que las del apóstol, y que constantemente lo hacían a un lado, comparándolo con intérpretes más ostentosos. Una mirada rápida a la historia lo deja bien en claro.

La primera visita de Pablo a Corinto había durado la mayor parte de dos años; probablemente, del 50 al 52 d.C. La oposición judía era fuerte, pero los convertidos no judíos abundaban (según relata Lucas en Hechos 18:1-18). Después, unos cuatro años más tarde, la iglesia le envió a Pablo una carta con algunas consultas pastorales, a las cuales este respondió en 1 Corintios; y a pesar de tener que llamarles la atención por errores y trastornos, en esa etapa, pudo tratarlos con amabilidad. Sin embargo, poco después, tuvo que hacerles una visita de emergencia para supervisar un tema que requería disciplina: alguien se había descarriado y estaba desviando a otros.

Después de esa visita, Pablo les envió una carta severa describiendo la disciplina que debía recibir la persona que provocaba el problema. (Lucas, que evidentemente estaba componiendo Hechos con cierta restricción de espacio en mente, y cuyo propósito era seguir el progreso triunfante del evangelio desde Jerusalén a Roma, no menciona nada de esto, pero en 2 Corintios 2:1-11, Pablo lo analiza con palabras que evidencian la profundidad de su aflicción al respecto). Después de escribirla, Pablo estaba sobre ascuas, preguntándose si los corintios tomarían en serio su carta severa o si, al escribirla, los habría perdido.

Como estaba ansioso de tener noticias, envió a Tito en su nombre para ver qué estaba sucediendo, y para su deleite, Tito le informó que habían acatado la carta y habían tomado la acción recomendada (ver 2 Cor. 7:5-16). Pero al parecer, Tito también volvió con otra noticia no tan buena. Ciertos «superapóstoles» (2 Cor. 12:11) habían descendido a Corinto y les estaban diciendo que gran parte del ministerio de Pablo estaba mal. Entonces, Pablo decidió visitar Corinto otra vez para lidiar con las calumnias y con los calumniadores, y escribió 2 Corintios (en realidad, por supuesto, su tercera carta a la iglesia) para preparar el camino.

Esta carta tenía un triple propósito.

Primero, Pablo quería convencer a los corintios de que los amaba, así que les abrió el corazón y les rogó que ellos hicieran lo mismo (6:11-13). A lo largo de los primeros seis capítulos, destaca las presiones bajo las cuales se había encontrado (había corrido riesgo de muerte en Éfeso, 2 Cor. 1:8-10; sufrido aflicciones constantes, 4:7-18; lo habían considerado loco, 5:13; había estado expuesto a malas condiciones y tratos, 6:4-10; y ver 11:23-33). Según el apóstol, al soportar estas cosas muestra la sinceridad de su ministerio, y claramente espera que enterarse de ellas («por el bien de ustedes», 4:15) confirme el respeto de los corintios por él.

Segundo, quería garantizar que para cuando llegara, los corintios hubieran terminado de reunir las ofrendas prometidas para que Pablo llevara a Jerusalén para ayudar a los pobres. Los cristianos en Jerusalén padecían extrema necesidad y precisaban ayuda financiera con urgencia. Durante algún tiempo, Pablo había estado reuniendo dinero de las iglesias gentiles que había fundado para llevarles a estos hermanos necesitados, afirmando así la comunión cristiana entre judíos y gentiles de una manera práctica. Cuando llegara a Corinto, estaría camino a Jerusalén, y esperaba obtener la contribución de los corintios para llevar consigo junto con el resto del dinero. En los capítulos 8 y 9, su tono cambia a uno de amonestación pastoral al escribir sobre todo esto.

Tercero, quería contrarrestar la influencia de los intrusos que buscaban poner a los corintios en su contra. Lo habían llamado «débil» para expresar su desprecio por él (10:10, RVR1960). Volviendo a cambiar su tono a uno de reprensión apostólica, Pablo se declara culpable de las acusaciones, pero declara que, cuando es débil, entonces es fuerte, y promete que, de ser necesario, demostrará la fortaleza dada por Cristo para lidiar con los que lo contradecían cuando llegara (12:20–13:4).

LOS DÉBILES QUE SE HACEN FUERTES

Sin duda, los críticos en Corinto fueron la causa de que Pablo abordara tan directa y cabalmente su debilidad al escribir esta carta. Su énfasis en las pruebas designadas providencialmente en su ministerio muestra que la debilidad relativa de su posición, tanto en la iglesia como en el mundo, estuvo siempre presente para él. Lo mismo sucede con la incertidumbre que expresó respecto a su condición con los corintios, la que lo llevó a comunicar su recordatorio respecto a la recolección de la ofrenda («procuren también sobresalir en esta gracia de dar», 2 Cor. 8:7) casi como si estuviera pidiéndoles disculpas: «No es que esté dándoles órdenes, sino que quiero probar la sinceridad de su amor en comparación con la dedicación de los demás [la cual quería que los corintios imitaran]» (8:8).

Sin embargo, en la tercera sección, su reconocimiento de la debilidad que siente alcanza su punto culminante cuando revela que, para evitar que se envaneciera, «una espina me fue clavada en el cuerpo, es decir, un mensajero de Satanás, para que me atormentara» (12:7). ¿Qué sería?, nos preguntamos. ¿Problemas en la vista? ¿Alguna enfermedad? ¿Cojera? Evidentemente, era algo físico y doloroso, o no se habría llamado una espina en el cuerpo, pero más allá de eso, no sabemos qué era, ni necesitamos saberlo. En tres momentos solemnes de oración suplicante, nos dice: «Tres veces le rogué al Señor [Jesús, el sanador] que me la quitara; pero él me dijo: "Te basta con mi gracia, pues mi poder se perfecciona en la debilidad"» (12:8-9).

Así que, aunque el Señor no abandonó a Pablo, tampoco lo sanó. Más bien, lo opuesto sucedió, como él testifica: «Por lo tanto, gustosamente haré más bien alarde de mis debilidades, para que permanezca sobre mí el poder de Cristo. Por eso me regocijo en debilidades, insultos, privaciones, persecuciones y dificultades que sufro por Cristo; porque, cuando soy débil, entonces soy fuerte» (12:9-10).

Una posdata personal

Mi propio entendimiento de que el camino de vida y el servicio cristianos constituyen un camino de debilidad, a medida que la fortaleza humana cede y solo la fuerza divina puede sustentar y habilitar, probablemente esté arraigado en mi juventud. Era un niño solitario y más bien saturnino, y durante diez años, tuve que llevar a la escuela un parche de aluminio que cubría un agujero en mi cabeza, resultado de un accidente de tránsito; por eso, no podía jugar al aire libre. Durante esos años, sentí que quedaba afuera de todas las cosas importantes, lo cual, por supuesto, es una forma del sentimiento de debilidad.

Esta sensación, por más pecaminosa que sea en muchos sentidos, permaneció en segundo plano a lo largo de mi vida, y se fue profundizando en los últimos tres años por experimentar artrosis de cadera (dos años de una molestia que no me permitía caminar bien, y un año de recuperación lenta pero constante después de un reemplazo quirúrgico). Me dijeron que, como la cirugía fue invasiva, su impacto inicial sería una conmoción para el sistema —como si un camión te atropellara en la calle—, que la recuperación plena de la mente y el cuerpo llevaría tiempo, y que la creatividad (en mi caso, la capacidad de escribir) se ausentaría momentáneamente. Durante estos tres años, mi conciencia experimental de la debilidad física y cognitiva ha crecido, así como mi familiaridad con la habilidad de Satanás de generar depresión y desaliento. Mi apreciación de 2 Corintios también creció, al meditar en que Pablo ya pasó por esto antes que yo, y este librito es el resultado. Sus contenidos me ayudaron, y espero que también ayuden a otros.

2

Cristo y el llamado cristiano

*... Cristo habla por medio de mí. Él no se mues-
tra débil [...]. Es cierto que fue crucificado en
debilidad, pero ahora vive por el poder de Dios.
De igual manera, nosotros participamos de su
debilidad, pero por el poder de Dios viviremos
con Cristo para ustedes.*
2 Corintios 13:3-4

¿Acaso Pablo estaba loco?

Como estamos empezando a ver, 2 Corintios no se
parece a ninguna otra carta que escribió Pablo.
Las demás están escritas a iglesias que aceptarían
sin cuestionamientos todo lo que él dice con el
peso de la autoridad apostólica; es más, la autoridad de Cristo. Así que, en esas cartas, Pablo
se parece a un maestro que dice las cosas como
son. Pero aquí está escribiendo a cristianos entre
los cuales hay muchos que no lo respetan como

apóstol, y él lo sabe. Sospechan que está un poco chiflado, o que quizás es un fraude, así que su primera misión es recuperar, si puede, la confianza de ellos y su disposición de aprender de él.

Creo que Pablo no está acostumbrado a esta clase de situación. Por cierto, su manera generalmente confiada y lógica de desarrollar sus ideas se ve disminuida y da algunas vueltas, repitiéndose y volviendo sobre lo que ya dijo, mientras busca persuadirlos. Es un predicador que está dictando una carta, así que naturalmente habla en forma didáctica. Sin embargo, todo el tiempo parece estar preguntándose qué puede decir para tocar el corazón de los corintios y convencerlos de que, después de todo, él es alguien a quien deberían amar y del cual deberían aprender, a pesar de las calumnias de los «superapóstoles». Es necesario tener esto en mente al abordar el pasaje que estudiaremos ahora: 2 Corintios 5:6–6:2.

> Por eso mantenemos siempre la confianza, aunque sabemos que mientras vivamos en este cuerpo estaremos alejados del Señor. Vivimos por fe, no por vista. Así que nos mantenemos confiados, y preferiríamos ausentarnos de este cuerpo y vivir junto al Señor. Por eso nos empeñamos en agradarle, ya sea que vivamos en nuestro cuerpo o que lo hayamos dejado. Porque es necesario que todos comparezcamos ante el tribunal de Cristo, para que cada uno reciba lo que le corresponda, según lo bueno o malo que haya hecho mientras vivió en el cuerpo.

Por tanto, como sabemos lo que es temer al Señor, tratamos de persuadir a todos, aunque para Dios es evidente lo que somos, y espero que también lo sea para la conciencia de ustedes. No buscamos el recomendarnos otra vez a ustedes, sino que les damos una oportunidad de sentirse orgullosos de nosotros, para que tengan con qué responder a los que se dejan llevar por las apariencias y no por lo que hay dentro del corazón. Si estamos locos, es por Dios; y, si estamos cuerdos, es por ustedes. El amor de Cristo nos obliga, porque estamos convencidos de que uno murió por todos, y por consiguiente todos murieron. Y él murió por todos, para que los que viven ya no vivan para sí, sino para el que murió por ellos y fue resucitado.

Así que de ahora en adelante no consideramos a nadie según criterios meramente humanos. Aunque antes conocimos a Cristo de esta manera, ya no lo conocemos así. Por lo tanto, si alguno está en Cristo, es una nueva creación. ¡Lo viejo ha pasado, ha llegado ya lo nuevo! Todo esto proviene de Dios, quien por medio de Cristo nos reconcilió consigo mismo y nos dio el ministerio de la reconciliación: esto es, que en Cristo, Dios estaba reconciliando al mundo consigo mismo, no tomándole en cuenta sus pecados y encargándonos a nosotros el mensaje de la reconciliación. Así que somos embajadores de Cristo, como si Dios los exhortara a ustedes por medio de nosotros: «En nombre de Cristo les rogamos que se reconcilien con Dios». Al que no cometió pecado alguno, por nosotros Dios lo trató como pecador, para que en él recibiéramos la justicia de Dios.

Nosotros, colaboradores de Dios, les rogamos que no reciban su gracia en vano. Porque él dice:

«En el momento propicio te escuché, y en el día de salvación te ayudé».

Les digo que este es el momento propicio de Dios; ¡hoy es el día de salvación!

Podemos afirmar con seguridad que a todos aquellos que aprecian el apostolado, esta sección de 2 Corintios les resulta emocionante en extremo... por cierto, de manera arrolladora. El pasaje es el clímax de la primera parte de la carta, donde Pablo desnuda el alma para restablecer la confianza, el amor y la buena relación con los corintios, y con ese fin, destaca su motivación como siervo de Dios.

Entender qué mueve a las personas, por así decirlo, siempre es fundamental para tener una buena relación con ellas. Piensa un momento en un esposo y una esposa, y en los padres y los hijos, y te quedará claro. Pablo se presenta aquí como un hombre motivado, e indica qué motivaciones lo impulsan. Sabe que los corintios sospechan que la enormidad de su energía y entusiasmo por la obra de plantar iglesias denota un desequilibrio mental... locura, para decirlo sin rodeos; alguna forma de manía religiosa.

Pablo arrasa con esta idea. «Si estamos locos, es por Dios [es decir, es entre nosotros y él y no les concierne]; y, si estamos cuerdos, es por ustedes [y tienen que tomarnos en serio]» (5:13). (Ya que estamos, el plural aquí no es el «nosotros» del autor que suele aparecer en la literatura occidental; designa a Pablo y a Timoteo juntos, el dúo que aparece como el emisor de la carta en 1:1. Desde el principio del capítulo 3, Pablo ha asociado a Timoteo consigo en todo lo que dijo).

En efecto, Pablo les está rogando a los corintios que se pregunten: ¿será posible que Pablo y su compañero estén cuerdos después de todo? ¿Podrá ser que esté mal burlarse de ellos y menospreciarlos? ¿Los entendemos realmente? ¿No deberíamos, después de todo, verlos como guías para nuestra fe y nuestra vida tal como ellos pretenden? Espero que cada persona que lea este libro se una a los corintios en hacerse estas mismas preguntas.

Las motivaciones de Pablo

De cualquier manera, Pablo tiene el deseo apasionado de que sus lectores lo entiendan correctamente, y por consiguiente, habla con franqueza. Ahora, explica qué lo motiva en el servicio a Jesucristo, el cual es riesgoso, lleno de peligro y a menudo de dolor, y que se ha transformado en la obra de su vida. Según él, su motivación tiene tres facetas. Los tres pensamientos operativos son distintos pero se superponen, se entremezclan y se relacionan para formar un solo hilo de respuesta, por así decirlo, al abrumador hecho de Cristo. Como resultado, vemos a Cristo como el Dios encarnado en debilidad, el hijo bebé de una pobre muchacha judía; durante tres años, a Cristo como un forastero itinerante y revolucionario en lo social y lo religioso; a Cristo crucificado en debilidad como un revolucionario que se volvió una molestia; a Cristo, el que Pablo presenta como alguien amoroso que cargó con nuestros pecados, absorbiendo la ira divina contra él en la cruz; a Cristo ahora resucitado, reinando, el Señor que regresará, su vida y su esperanza.

Las tres motivaciones son estas:

1. Pablo quiere agradar constantemente a Cristo. «Por eso nos empeñamos en agradarle, ya sea que vivamos en nuestro cuerpo [en la tierra] o que lo hayamos dejado [en el cielo]», dice Pablo (5:9). Agradar a aquellos que en cierto sentido son dueños de tu corazón (a un cónyuge, un hermano, un hijo, un amigo, un mentor, un benefactor, etc.) es una ocupación exigente. Requiere imaginación, empatía y esfuerzo; debes conocer las esperanzas y expectativas del otro con respecto a ti, lo que le gusta y lo que no le gusta, y su percepción del lazo que los une.

Me pregunto: ¿es esta una de las principales motivaciones en nuestra vida, agradar a nuestro Señor y Salvador en cualquier circunstancia y en todo momento? Así sucedía con Pablo, y tanto para él como ahora para nosotros, es algo demandante. Requiere de un amor continuo por Jesús, expresado en adoración a Él por todo lo que es en sí mismo, y de gratitud por todo lo que ha hecho, tanto por el mundo perdido en general como por nosotros en particular como pecadores. Requiere una obediencia sostenida a todos Sus mandamientos, hasta el límite de nuestro entendimiento. Requiere una vigilancia constante frente a las tentaciones de la autoindulgencia, y una batalla incesante contra la pereza, el ocio y la indiferencia a cuestiones espirituales. Requiere un trato respetuoso y solícito a los demás como personas creadas para portar la imagen de Dios, y negarse a uno mismo siempre que el egoísmo pueda entrar en conflicto con el amor al prójimo y sofocarlo. Requiere una santidad diaria, de la mañana a la noche, una búsqueda cotidiana de oportunidades para testificar de Cristo, y de oración diaria para extender el reino de Dios y bendecir a los necesitados.

Como Pablo bien sabía, trabajar de todo corazón para agradar a Cristo trae gozo, pero es innegable que, como lo expresó Isaac Watts, «un amor tan maravilloso, tan divino [como el amor de Cristo, demostrado en su expresión suprema en la cruz], exige mi alma, mi vida, mi todo».

2. Pablo quiere ser hallado plenamente fiel a Cristo el día del juicio.

El apóstol continúa diciendo: «Porque es necesario que todos comparezcamos ante el tribunal

de Cristo, para que cada uno reciba lo que le corresponda, según lo bueno o malo que haya hecho mientras vivió en el cuerpo» (5:10). Aquí
debemos tener cuidado, ya que siglos de malas
interpretaciones han oscurecido lo que Pablo
quiso decir en este versículo y otros similares.
Pablo no está hablando de la salvación personal
como tal. No espera una justificación final que
podría lograrse por mérito de su propio servicio
devoto, como suponían los maestros católicos
romanos que seguían a Agustín.

Que quede bien en claro: la justificación,
la declaración definitiva sobre dónde pasaremos la
eternidad, es un veredicto que se enuncia apenas
nos volvemos a una fe viva en Cristo. El momento
exacto en que esto sucede solo lo sabe Dios, quien
puede interpretar el corazón humano para discer-
nir cuándo en cada caso. Pero, tanto en lo teoló-
gico como lo pastoral, siempre es correcto asegu-
rarles a aquellos que profesan de corazón una fe
penitente en Cristo que, a través de Él, su destino
en el cielo ahora está divinamente garantizado. El
fundamento para ese veredicto no es nada que hagamos por nuestra cuenta, sino el sacrificio de Jesús por nosotros en la cruz que cargó con nuestros
pecados, como veremos en breve.

Desde ese veredicto, el cristiano tiene el privilegio de vivir con la seguridad de la gloria futura con Cristo cuando se termine la vida en este
mundo. Los creyentes pueden enfrentar el final
de la vida sin temor, sin pánico ni alarma, porque
saben que, sin importar lo que pueda cambiar,
estarán con Cristo, en Cristo, a través de Cristo,

glorificados juntamente con Cristo, para siempre y por siempre.

Pero cuando Pablo afirma (como lo hace en el griego) que en el juicio final los antecedentes del creyente (las cosas hechas «en el cuerpo») desde que se hizo cristiano volverán a él en cierto sentido como su destino, se refiere a otra cosa: a lo que llamaríamos recompensas, el reconocimiento divino del fiel servicio prestado. Respecto a esto, los escritos de C. S. Lewis son los que más provechosos me han resultado. Lewis pregunta: ¿qué es lo que quiere un hombre enamorado cuando corteja a una muchacha, la enamora y se compromete con ella con la intención de casarse? Respuesta: quiere más relación con ella de la que ya comenzó. Desea la expresión de unidad más profunda, rica y satisfactoria que le sea posible tener con ella. En otras palabras, quiere más de lo que ya tiene.

Esa es la analogía de Lewis para entender lo que Jesús y los escritores del Nuevo Testamento nos dicen sobre las recompensas que recibirán los siervos fieles de Cristo en el juicio final. Las recompensas se describen con términos de privilegio, honor, satisfacción y alegría... por cierto, de eso se tratan las imágenes de banquetes, coronaciones y gobierno. Y la perspectiva de estar eternamente con Cristo y de ver Su rostro y Su gloria se menciona explícitamente (ver Juan 17:24; Apoc. 22:4), así como la expectativa de reinar con Él (2 Tim. 2:12) y ser glorificados con Él (Rom. 8:17).

Sobre el mismo tema, Pablo enseñó en su primera carta a los corintios que «el día» (el día del juicio), el fuego revelará si cada cristiano edificó (en la vida constante de la iglesia, apoyando todo sobre Cristo el fundamento) con «oro, plata y piedras preciosas», las cuales sobreviven a las llamas, o con «madera, heno y paja», que no pasarán la prueba (1 Cor. 3:12-13). El apóstol tiene en mente a personas poco comprometidas, obstinadas, frívolas, arrogantes y alborotadoras, con una influencia más destructiva que constructiva, como las que causan problemas en las congregaciones de hoy. Ahora, Pablo afirma: «Si lo que alguien ha construido permanece, recibirá su recompensa, pero, si su obra es consumida por las llamas, él sufrirá pérdida. Será salvo, pero como quien pasa por el fuego» (3:14-15); es decir, como en un edificio en llamas, donde la persona que escapa debe dejar todo atrás para que perezca entre las llamas. No se especifica qué «pérdida» sufrirá la persona que escapa en este caso, pero Pablo nos está asegurando que, aunque no será la pérdida de la salvación, sí será real y dolorosa. Las recompensas, en contraste, se reciben por contribuir fielmente a la vida de adoración y al servicio amoroso y evangelizador de la iglesia de Cristo.

«Por tanto, como sabemos lo que es temer al Señor, tratamos de persuadir a todos», sigue diciendo Pablo (2 Cor. 5:11). Sabiendo que tanto él como sus colegas, como cualquier otro cristiano, deberán rendir cuentas a Dios un día por la manera en que han servido al Salvador desde su conversión, y con una conciencia solemne en su corazón que lo abruma frente a su responsabilidad, él mismo se dedica de todo corazón a llevar a cabo con ellos su ministerio evangelizador designado por Dios. La palabra «temer» en este texto es el término griego estándar para el temor, en el sentido de una anticipación ansiosa, que provoca alarma y tal vez incluso pánico; pero aquí conlleva matices antiguotestamentarios de humilde lealtad dentro del marco de pacto de un asombro reverente y devoto (como cuando se afirma que el temor del Señor es el principio de la sabiduría). No se está hablando de alarma ni de pánico.

Dios, como sigue diciendo Pablo, tiene en cuenta a los evangelistas mientras hacen su tarea, así que Pablo añade que espera que los corintios tomen en cuenta a Timoteo y a él de la misma manera, porque él y Timoteo y otros como él son extremadamente serios respecto a su ministerio. Después de todo, es cuestión de vida o muerte (ver 2 Cor. 2:15-17), y todos los que practican este ministerio esperan que los que son de Cristo les muestren el debido respeto (5:11). Pablo continúa diciendo que, si aceptan esto y los aceptan a ellos sobre esta base, deberían poder «responder a los que se dejan llevar por las apariencias y no por lo que hay dentro del corazón»; en particular, los «superapóstoles» que se burlan con malicia del estilo sobrio de enseñanza de Pablo, así como del contenido de su enseñanza (v. 12). Lo cual nos trae a la motivación final y culminante de Pablo y su enseñanza.

3. El amor de Cristo es lo que controla a Pablo,

lo reclama, lo impulsa, lo dirige, lo pone en
marcha y lo lleva a seguir adelante.

«El amor de Cristo nos obliga», dice Pablo
(5:14). El verbo traducido «obliga» («controla», NTV) implica todo lo que explicamos
arriba. Y «amor» es agápe, prácticamente un
término técnico en el Nuevo Testamento, que
significa el propósito de engrandecer a un ser
amado de cualquier manera que ese ser amado
necesite ser engrandecido, y hacerlo mediante
cualquier medio necesario. En los versículos siguientes, Pablo se concentra en los dos grandes
hechos mediante los cuales Jesucristo, Aquel que
ama nuestra alma, se transformó en nuestro Salvador, incluyendo de manera salvadora a los que
se aferran a Él por fe en una nueva vida que es en
verdad Su vida resucitada en ellos. «Uno murió
por todos, y por consiguiente todos murieron. Y
él murió por todos, para que los que viven ya no
vivan para sí, sino para el que murió por ellos y
fue resucitado» (vv. 14-15).

A veces se pregunta si la muerte de Cristo o Su
resurrección es lo que produce directamente la
salvación del pecador. La respuesta es ambas cosas, y minimizar la importancia de una de las dos
en relación con la otra implica empezar a adulte-
rar esa respuesta. En otras palabras, Cristo murió
por nosotros como nuestro representante y sustituto, quien cargó con nuestros pecados, y una de
las facetas de nuestra fe en Él es considerar que
morimos con Él, en el sentido de que terminamos voluntariamente con la vida que estábamos
llevando en nuestra incredulidad. Pero eso no es

todo. Cristo se levantó de los muertos a nuestro favor como nuestro precursor y dador de vida, y otra faceta de nuestra fe en Él es considerarnos resucitados con Él y unidos a Él, de manera que ahora participamos de Su vida de resurrección en cuanto al deseo, la dirección y la energía divina que nos impulsa. Cuando Pablo declaró que se esfuerza en su ministerio —«con este fin trabajo y lucho fortalecido por el poder de Cristo que obra en mí» (Col. 1:29)—, se refiere a esta «sobrenaturalización» del servicio motivado.

Entonces, ahora somos personas distintas de lo que éramos; en algunos aspectos, sin duda, iguales, pero en otros, decisiva e irrevocablemente diferentes. Ahora, ya no llevamos adelante nuestra vida de manera independiente, como solíamos hacer, sino como una respuesta, al permitir que Cristo —el cual nos ama—, el amor redentor que ya nos mostró al salvarnos y Su propósito amoroso para nuestra nueva vida nos impacten con toda su potencia. Y esto continuará, de todas las maneras apropiadas, toda la eternidad. ¡Alabado sea Dios!

Gálatas 2:19-20 nos cuenta una historia similar sobre la identidad transformada del cristiano, algo ejemplificado en la persona de Pablo una vez más. «He sido crucificado con Cristo», escribe. «Ya no vivo yo [aparte de Cristo], sino que Cristo vive en mí. Lo que ahora vivo en el cuerpo, lo vivo por la fe en el Hijo de Dios, quien me amó y dio su vida por mí» (v. 20). «Crucificado con Cristo» corresponde aquí al «todos murieron» de 2 Corintios 5:14, y «vivo por la fe en el Hijo de Dios» coincide con «para que los que viven ya no vivan para sí, sino para [Él]» en 2 Corintios 5:15. Pablo está hablando de una vida personal que es nueva en el sentido de que tiene una nueva motivación y está bajo una nueva gestión, una que trae visión, dirección, comunión, propósito y un potencial que sencillamente no estaban ahí antes.

El próximo bloque de versículos (vv. 16-21) sigue desarrollando las diferencias que el amor activo de Cristo marcó en las vidas de seres humanos pecaminosos. El versículo 16 dice: «Así que de ahora en adelante no consideramos a nadie según criterios meramente humanos. Aunque antes conocimos a Cristo de esta manera [¡ese era el caso de Pablo!], ya no lo conocemos así». Esta es la primera diferencia: una nueva manera de pensar en las personas. La transmisión de nueva vida a los creyentes cambió permanentemente la mentalidad interior que determina su percepción, en primer lugar del mismo Señor Jesús, y después de los demás. Los creyentes ya no consideran a los demás (¡incluido Cristo!) en términos puramente humanos y de este mundo, preguntando tan solo cómo las personas encajan mejor en la sociedad que las rodea y cómo podemos usarlas para nuestro beneficio (es evidente que a esto se refiere la frase «según criterios meramente humanos»). En cambio, los creyentes ven a sus prójimos como almas perdidas, sin Dios y sin esperanza, y nunca olvidan que la manera principal de ayudar a estas almas perdidas es comunicarles el evangelio.

El versículo 17 añade: «Por lo tanto, si alguno está en Cristo, es una nueva creación. ¡Lo viejo ha pasado, ha llegado ya lo nuevo!». Esta es la segunda diferencia: una nueva manera de existir entre las personas. La unión con Jesucristo, la cual se relaciona con el primer compromiso y aceptación significativos de Jesús como Señor y Salvador, supone una exposición al mismo poder creativo que hizo el mundo y que hoy lo sustenta y genera dentro de él el proceso que produce y forma a cada persona en el vientre durante el embarazo. Todos los que han venido a la fe en Cristo saben que ahora son personas diferentes de lo que eran, y de lo que sus pares —excepto sus compañeros cristianos— siguen siendo, aunque a menudo les resulta difícil precisar cuál es la diferencia. Sin embargo, aquí, Pablo les da la teología de la transformación que ha ocurrido; es decir, que la vida personal de la resurrección, recreada y eterna, y derivada del Cristo resucitado y compartida con Él, ya les pertenece.

EL INTERCAMBIO ESTUPENDO

En este momento, sucede algo impresionante. No es singular; sucede en otros escritos de Pablo, a veces a una escala mayor que aquí; por ejemplo, en Romanos 5 y 8, y en Efesios 1–2. Entrando en el modo habitual de proclama de un predicador, Pablo irrumpe en una rapsódica declaración doxológica, o al menos una indicación, del amplio y maravilloso rango de la obra de gracia de Dios en y a través de Cristo, la cual Pablo tiene el privilegio de dar a conocer cabalmente en la forma más universal que le es posible. Los episodios que describe aquí, si me permiten expresarlo con lenguaje musical, son los esforzandos y los fortissimos de sus cartas, los momentos de énfasis que moldean los detalles específicos de lo que va exponiendo en cada etapa.

Aquí en 2 Corintios 5, el fortissimo empieza en el versículo 18: «Todo esto [cada aspecto de la salvación mencionado hasta ahora] proviene de Dios [¡sí, Dios!], quien por medio de Cristo nos reconcilió consigo mismo y nos dio el ministerio de la reconciliación». Después viene la frase coyuntural «esto es», que presenta un análisis amplificado de lo que significa esta declaración. Hablaré del análisis de Pablo bajo tres títulos, concentrándome en la reconciliación, como hace Pablo, y resaltando en orden su significado, su método y sus mensajeros.

EL *SIGNIFICADO* DE LA RECONCILIACIÓN

Reconciliación es una palabra grande que expresa una idea grande; concretamente, todo lo que conlleva transformar un estado de alienación, hostilidad y distanciamiento en un estado de unidad íntima, afectuosa y armoniosa de manera permanente. El estado inicial de enemistad y separación era universal e incluía la obligación y la expectativa de juicio retributivo de Dios, el Juez justo, por los pecados —transgresiones, es decir, deslices innecesarios a obstáculos morales— que nos asedian y nos contaminan cada día de nuestras vidas. El nuevo estado de amistad con Dios, ahora disponible para todo el mundo, tanto para judíos como gentiles, se apoya en la aceptación por parte de Cristo de la encarnación en el vientre y la propiciación en la cruz, seguidos de Su resurrección de los muertos, además de la vocación del Espíritu Santo en la mente y el corazón de cada pecador, y su justificación como la palabra decisiva que declara el Juez santo. Mi próximo punto mostrará esto mismo.

EL *MÉTODO* DE LA RECONCILIACIÓN

En 5:21, Pablo declara: «Al que no conoció pecado [Jesucristo, el Hijo encarnado], [Dios el Padre] le hizo pecado por nosotros, para que fuéramos hechos justicia de Dios en Él» (LBLA). La clave para entender esta maravillosa afirmación es saber que en la era previa a la invención de la cursiva y el subrayado, un escritor griego podía usar un sustantivo abstracto en lugar de un adjetivo para marcar énfasis. Pablo usa este recurso en Romanos 8:7, donde en el griego, podemos leer literalmente: «La mentalidad pecaminosa es *enemistad* contra Dios» (En la NVI, encontramos la palabra «enemiga», que es el adjetivo que esperaríamos). Pablo hace lo mismo aquí, afirmando que Dios «le hizo pecado» a Cristo (es decir, que Dios lo consideró y lo trató como a un pecador, por más que no tuviera pecado alguno), de manera que nosotros, en Él (nosotros que creemos y que estamos unidos a Cristo mediante el Espíritu Santo) nos transformáramos en «justicia de Dios» (tuviéramos una relación correcta con Dios y fuéramos los receptores del veredicto divino de inocencia penal, ahora y siempre, aunque éramos absolutamente culpables; y así fuéramos aceptados y perdonados).

Pablo usa la frase «justicia de Dios» en otras partes, posiblemente con otro sentido, algo que debaten los estudiosos, pero sin duda, esto es lo que significa aquí en 2 Corintios 5. Entonces, aquí se revela el método de reconciliación de Dios como una transferencia o intercambio bidireccional. Por un lado, el Señor Jesús, como sustituto, tomó nuestro lugar y cargó con el castigo que merecíamos: la muerte y el exilio al infierno. Por otro lado, somos copartícipes de la aprobación eterna del Padre y Su placer en Su Hijo siempre leal, amoroso y obediente, el cual llevó sobre sí y quitó el pecado del mundo. La justicia retributiva se cumplió, de una vez y para siempre, y la justificación justa —es decir, sobre la base de la justicia que se implementa— ahora está a nuestro alcance.

Bien podemos hablar de esta doble acción por parte de Dios como el gran intercambio, el intercambio maravilloso y, como me gusta hacer para un énfasis supremo: «el intercambio estupendo». Es abrumadoramente fantástico, casi no se puede creer. Es el amor santo en acción, el amor santo del Padre, que envió a Su Hijo a este mundo a morir por nuestros pecados; el amor santo del Hijo, un amor por todos aquellos cuyos pecados cargó; y el amor sagrado del Espíritu Santo, quien obra en nuestros corazones para crear y sustentar la fe que nos trae la bendición de la reconciliación y la aceptación como el regalo supremo de gracia divina.

Se suele decir que la justicia de Cristo se nos *imputa* (es decir, se cuenta a nuestro favor; es una palabra que suele usarse en contabilidad). Esto no significa que Dios hace como si nosotros mismos hubiéramos hecho y sufrido lo que Cristo hizo y sufrió por nosotros, sino que nuestro vínculo con Cristo por fe y Su vínculo con nosotros mediante el Espíritu Santo implican que compartimos para siempre el estatus y la posición que son Suyas en virtud de quién es y de lo que ha hecho por nosotros. En la sociedad inglesa, una plebeya que se casa con un *lord* se transforma en una *lady*, y la que se casa con un duque o un príncipe se transforma en una duquesa o una princesa, sencillamente en virtud de quién es su esposo. Su dignidad la abraza, de manera que ahora, la de ella se compara con la de su esposo. En el versículo 21, la aceptación presente y permanente por parte del Padre de Su Hijo encarnado como alguien perfectamente justo y digno de honra nos acepta juntamente con Él, gracias a Él y en virtud de lo que hizo por nosotros. Entonces, este es el método divinamente diseñado para nuestra reconciliación, tal como Pablo lo anunció.

LOS *MENSAJEROS* DE LA RECONCILIACIÓN
Pablo habla repetidamente de los mensajeros de esta reconciliación. Observa las siguientes afirmaciones:

... Dios [...] nos dio el ministerio de la reconciliación [...] encargándonos a nosotros el mensaje de
la reconciliación (2 Cor. 5:18-19).

Así que somos embajadores de Cristo, como si
Dios los exhortara a ustedes por medio de nosotros: «En nombre de Cristo les rogamos que se
reconcilien con Dios». (v. 20)

... les rogamos que no reciban su gracia en vano.
(6:1)

Es tan evidente que Pablo se refiere aquí a la
tarea de la predicación del evangelio y la planta-
ción de iglesias que Dios les ha dado a él y a Timoteo en relación con los corintios, que no hace
falta desarrollar el tema. Sin embargo, está claro
que su función y su servicio como embajadores
de Cristo no está confinada a los ciudadanos de
Corinto, ni en la forma de pensar de Pablo ni
en los planes de Dios. Como sabemos, Pablo se
considera llamado a ser un pionero plantador
de iglesias, que lleve el evangelio a ciudades en
Asia Menor, Grecia y tan al oeste como Espa-
ña. Y también está claro que Pablo no supone
que él y Timoteo sean los únicos mensajeros del
evangelio que existen. Entonces, ¿cuán amplia e
inclusiva es la categoría de mensajeros del evangelio, «embajadores de Cristo», como Pablo los
llama?
La Gran Comisión de Cristo, ir y hacer discí-

pulos a todas las naciones, fue dada a los apóstoles como representantes de todo lo que llegaría a
ser la iglesia, y lo que Pablo escribe aquí debería
considerarse dentro de este marco más grande.
Así que, tal como todos los cristianos deberían
compartir la misma motivación de tres aspectos
de Pablo, como vimos más arriba, todos los cristianos también deberían considerarse receptores
del llamado de la iglesia de dar a conocer a Cristo
con el propósito de discipular a otros hasta los
lugares más remotos que podamos. Todos somos
llamados a confiar en Cristo, amarlo, honrarlo,
adorarlo y servirle, y a practicar el amor al prójimo en todas sus formas, de las cuales la evangelización es una. La iglesia en todas partes es
llamada a ser una comunidad misionera y doxológica, y todos los cristianos son llamados a hacer
su parte en ambos aspectos de su vida continua.

LA DEBILIDAD Y LA VOCACIÓN

Ahora bien, ¿qué tiene que ver todo esto con el
camino de la debilidad, de lo cual afirma tratarse
este libro? ¿Qué aporta al problema de la debilidad, en el cual nos concentramos al principio?
Veamos.

Describí la debilidad como un estado de incapacidad, o insuficiencia, en relación a algún
estándar o ideal al que deseamos conformarnos.
Como ya indicamos, adquiere diversas formas.
Está la debilidad física, la cual evita que sobre-
salgamos en los deportes; está la salud débil,
que nos hace vulnerables a toda clase de enfer-

medades; una capacidad débil nos limita como empleados, empresarios y emprendedores; una memoria débil nos impide volvernos maestros o administradores excelentes; la debilidad de carácter nos descalifica como líderes, padres, entrenadores, capitanes de equipo, y tal vez incluso como miembros de un equipo; etc.

De manera subjetiva, la sensación de debilidad, la cual la persona débil pero inteligente no puede evitar, genera sentimientos de inferioridad —el síndrome de Charlie Brown— y de inutilidad y carencia de valor, junto con la pesadumbre y la depresión consecuentes, sentimientos nada alegres con los cuales convivir. La sensación de debilidad ensombrece la existencia de una persona. En este mundo caído, donde el pecado original en forma de orgullo, independencia ambiciosa y un egocentrismo profundo ha infectado a todo el mundo, todos anhelamos que nos admiren por alguna fortaleza, y la expectativa de que esto no vaya a suceder nos hace sentir como un globo pinchado, y planta la amargura en el corazón. Sin embargo, el mensaje del evangelio, que hemos estado repasando en este capítulo, nos llama primeramente a ser realistas a la hora de enfrentar y admitir nuestra pecaminosidad, nuestros puntos débiles, nuestras transgresiones y nuestra culpa consecuente ante Dios; y después, nos habla sustancialmente de parte de Dios, de la siguiente manera:

Mira a Cristo como Aquel que cargó con tus pecados y es tu Señor vivo. Acéptalo como tu Salvador y tu Amo. Después, en Su presencia,

decide dejar atrás la vieja vida de egoísmo consciente, enturbiada por la amargura, la autocompasión, la envidia a los demás y los sentimientos
de fracaso, para poder transformarte en Su discípulo fiel y lleno de fe, que vive a partir de ahora
según Sus reglas y bajo Su cuidado.

Ama a Cristo, con una gratitud eterna por
Su amor eterno por ti. Esfuérzate por agradarle
en todo lo que hagas. Permite que Su amor te
constriña, te impulse, te gobierne, te consuele
y te controle constantemente, y al igual que Pablo, deja de darle importancia a la aprobación
humana. (Antes, le escribió a los corintios: «Por
mi parte, muy poco me preocupa que me juz-
guen ustedes [...]; el que me juzga es el Señor»,
(1 Cor. 4:3-4). Vive y ama como Pablo lo hizo antes que tú, y un entusiasmo lleno de esperanza re-
emplazará el pesimismo y la apatía en tu corazón.

Apóyate en Cristo y confía en Él para que provea mediante el Espíritu Santo toda la fuerza que
necesitas para servirle, sin importar cuán débil
te estén haciendo sentir en este momento circunstancias tristes o personas desagradables. Ya
hemos observado que, como parte de su respuesta a que los corintios y los «superapóstoles» lo
tildaran de «débil», Pablo revela que Cristo
dispuso que viviera con una «espina» sin sanar
(algún dolor o incapacidad) en el cuerpo, y que
le dijo: «Te basta con mi gracia, pues mi poder
se perfecciona en la debilidad» (2 Cor. 12:7-9).
Ahora es momento de tomar en serio su comentario triunfante y final sobre este aspecto de su
situación de vida: «Por lo tanto, gustosamente

haré más bien alarde de mis debilidades, para que
permanezca sobre mí el poder de Cristo. Por eso
me regocijo en debilidades, insultos, privaciones, persecuciones y dificultades que sufro por
Cristo; porque, cuando soy débil, entonces soy
fuerte» (vv. 9-10). Así que apóyate en Cristo, el
que ama tu alma, como hizo Pablo, y en toda tu
debilidad, por más real que sea, también recibi-
rás el poder para soportar y serás establecido con
consuelo y alegría.

Creo que damos por sentado que Pablo no era
consciente de su debilidad, por naturaleza ni por
crianza, de la manera en que llegó a serlo después
de ponerse en manos de Cristo en el camino a
Damasco y partir en sus viajes apostólicos cuando Cristo se lo mandó. Y deberíamos reconocer
que el dolor atroz y de alguna manera incapaci-
tante con el cual Cristo le pidió que viviera a
su debido tiempo, y el cual él claramente aceptó
como una debilidad que lo acompañaría hasta
la muerte, tenía menos que ver con el enrique-
cimiento de su ministerio que con el avance de
su santificación. Podemos ver los indicios: Pablo
se refiere a una mayor humildad frente a revelaciones privilegiadas (12:7), a una dependencia
más profunda de Cristo frente al desánimo y las
distracciones de parte de Satanás (vv. 7-9), y una
disposición sólida de aceptar cualquier otra forma de sufrimiento que le sobrevenga en el futuro
(v. 10). Demuestra un reconocimiento constante
de que sentirse débil es algo habitual en la vida
cristiana, y por lo tanto algo de lo cual uno puede
jactarse adecuadamente y con lo cual debe con-

tentarse (vv. 6, 9-10). («Jactarse», en este caso, no significa ostentar ni enorgullecerse de manera egoísta, sino destacar algo cuando sea apropiado como una parte significativa y dada por Dios de la vida de cada uno).

En este sentido, Pablo es ejemplo del discipulado, la madurez espiritual y el crecimiento en la gracia que todos los creyentes son llamados a buscar. Cuando el mundo nos dice (y sí que lo hace) que todos tienen derecho a una vida fácil, cómoda y relativamente libre de dolor —una vida que nos permita descubrir, mostrar y poner en práctica todas las fortalezas que están latentes en nosotros—, el mundo tuerce y deforma la verdad. Esa no era la calidad de vida a la que el llamado de Cristo lo condujo; tampoco se trataba del llamado de Pablo, ni es aquello a lo cual somos llamados nosotros en el siglo XXI. En el caso de todos los cristianos, lo más probable es que, a medida que nuestra condición de discípulo se desarrolle, Dios nos haga cada vez más conscientes de nuestra debilidad y dolor, para que podamos aprender con Pablo que, cuando entendemos que somos débiles, entonces y solo entonces podamos volvernos verdaderamente fuertes en el Señor. ¿Acaso querríamos otra cosa? ¿Qué te parece?

3

Cristo y la generosidad cristiana

... ¡y el dinero lo da todo!
Eclesiastés 10:19, NTV

La trampa del dinero

Al final del clásico filme policíaco *The Maltese Falcon* [El halcón maltés], un oficial de policía contempla una estatuilla de plomo fundido, una imitación de un original con forma de halcón increíblemente valioso e incrustado con piedras preciosas, cuya búsqueda ocasionó asesinatos y caos por doquier. Pregunta: «¿Qué es?». Humphrey Bogart, como Sam Spade, el detective antihéroe que termina siendo el héroe, responde: «Es el material del cual están hechos los sueños». Sin duda, es el comentario perfecto sobre el atractivo engañoso de las riquezas, en todas sus formas, para el corazón humano caído... y ahí es donde debe empezar este capítulo.

¿Qué es el dinero? Un medio de intercambio, un recurso para obtener las cosas que quieres —y a veces para deshacerte de las que no quieres—, y una manera de conseguir poder e influencia en tu círculo social. Muchos ven el dinero como una especie de magia: cuanto más tienen, más quieren; más puertas esperan que les abra; y tal vez no sea de extrañar que más les cueste desprenderse de cualquier beneficio que les provea. El sueño realizado de una riqueza cada vez mayor se apodera de sus corazones como un vicio. ¿Por qué? Porque, aunque estas personas creen que la pobreza y los recursos limitados son señales de deficiencia y debilidad, consideran que la riqueza es una fuente de estabilidad y fortaleza.

Nuestro corazón orgulloso rehúye la debilidad, sea real o imaginada, en todas sus formas, como ya hemos observado, y se aferra a lo que parece una fortaleza, incluido el objetivo y la realidad de la prosperidad. ¿Cuál es el resultado? La idolatría. Terminamos adorando nuestras inversiones, nuestras posesiones y nuestra cuenta bancaria. Y Dios —el Señor trino y trascendente que es el Padre, el Hijo y el Espíritu Santo en uno, el equipo divino que está en acción para salvarnos— ocupa un magro segundo lugar en nuestra lealtad y amor.

Jesús vio esto y nos advierte: «No se puede servir a la vez a Dios y a las riquezas» (Mat. 6:24). «Riquezas» en el original es *mammonás*

—Mamón—, una palabra semítica que no solo significa dinero en sí, sino también lo que se supone que el dinero nos garantiza: cosas materiales, propiedades, ganancia, éxito, etc. Una vez más, Jesús nos habla del hombre rico que se dijo: «"ya tienes bastantes cosas buenas guardadas para muchos años. Descansa, come, bebe y goza de la vida". Pero Dios le dijo: "¡Necio! Esta misma noche te van a reclamar la vida. ¿Y quién se quedará con lo que has acumulado?"» (Luc. 12:19-20). Y Jesús le responde al joven rico, el cual le preguntó qué debía hacer para heredar la vida eterna: «Todavía te falta una cosa: vende todo lo que tienes y repártelo entre los pobres, y tendrás tesoro en el cielo. Luego ven y sígueme» (Luc. 18:22). Específicamente, lo que estaba diciendo Jesús era: «Únete a mis discípulos que me acompañan por toda Palestina, viviendo de la hospitalidad de la gente, pero sin un centavo a nuestro nombre»; una idea que el joven rico no podía asimilar, porque sus riquezas eran dueñas de su corazón. Pablo también advierte sobre la trampa del dinero en términos similares: «Los que quieren enriquecerse caen en la tentación y se vuelven esclavos de sus muchos deseos. Estos afanes insensatos y dañinos hunden a la gente en la ruina y en la destrucción. Porque *el amor al dinero es la raíz de toda clase de males*» (1 Tim. 6:9-10).

Entonces, ¿qué debemos hacer cuando nuestras necesidades básicas están cubiertas y todavía tenemos dinero en los bolsillos; cuando descubrimos que lo que hacemos profesionalmente para ganarnos el sustento, como decimos, y que tal

vez consideramos como un servicio a los demás
y a Dios, en realidad nos está haciendo acumular
dinero; cuando el negocio que llevamos adelante es lucrativo y el dinero empieza a acumularse
sin interrupción? Tanto Jesús como Pablo dan la
misma respuesta. Usa el dinero no para ti mismo
sino para Dios y para el pueblo de Dios; úsalo
para extender Su reino; úsalo para ayudar a los
que pasan necesidad. Considérate un administrador, un mayordomo y un fideicomisario de los
fondos de Dios, honrado por el cargo que se te
concedió pero absolutamente responsable ante
Dios, el cual te lo dio.

Pablo instruye a Timoteo:

> A los ricos de este mundo, mándales que no sean
> arrogantes ni pongan su esperanza en las rique-
> zas, que son tan inseguras, sino en Dios, que nos
> provee de todo en abundancia para que lo dis-
> frutemos. Mándales que hagan el bien, que sean
> ricos en buenas obras, y generosos, dispuestos a
> compartir lo que tienen. De este modo atesso-
> rarán para sí un seguro caudal para el futuro y
> obtendrán la vida verdadera. (1 Tim. 6:17-19)

Y Jesús nos exhorta a todos cuidadosamente,
aplicando la lección de Su parábola del administrador deshonesto pero astuto: «Hágganse de
amigos por medio de las riquezas injustas [lla-
madas "injustas" aquí debido a las componendas
financieras del administrador], para que cuando
éstas falten [es decir, cuando ya no les sirvan para
nada después de morir], sean ustedes recibidos

en las mansiones eternas» (Luc. 16:9, RVC).

Según me han dicho, Lutero fue el que dijo que todos necesitan tres conversiones: la conversión de la mente a la verdad del evangelio; la conversión del corazón para abrazar al Señor Jesús como Salvador y Amo; y la conversión de la cartera, la billetera o la chequera, al poner nuestro dinero a los pies de Cristo. Este dicho es digno de Lutero, quien va a fondo de prácticamente cualquier tema, aunque sospecho que no fue el mismo Lutero quien lo expresó así. Sin duda, él sabía que sacar al pecado del asiento del conductor en cuanto a nuestro dinero es una de las dimensiones más difíciles del arrepentimiento de un pecador.

Hoy en día, los pastores suelen decirnos que, cuando alguien se hace cristiano, lo último en su vida que es tocado por la gracia transformadora de Dios en general es su billetera. Cuando se le indica que dedique su tiempo, sus talentos y su tesoro al Señor, la entrega del control financiero empieza más tarde, se desarrolla más lento y lleva más tiempo que la formación de los otros dos hábitos, posiblemente porque la resistencia interior es más fuerte.

Una tira cómica que me gustó mostraba a una madre, con un bebé llorando a gritos en sus brazos, mientras ella conversaba con una amiga en la calle. «¿Qué le pasa al bebé?». «Ah, son los dientes, los está cortando». «¿Y a tu esposo?» (que está sentado en un banco cercano, con la boca abierta en agonía similar a la del bebé). «Ah, es el diezmo, lo está dando». Dar el diez-

mo, como un compromiso de por vida de ofrendar el 10% anual siempre es un buen comienzo,
pero por más que se elogie desde el púlpito, es
algo que los miembros de la iglesia evaden constantemente. La motivación para dar con generosidad va en contra de la naturaleza del corazón
humano caído, así que siempre es difícil.

Entonces, cuando Pablo elaboró su plan para
lograr que las iglesias gentiles que había plantado
contribuyeran a una colecta importante para aliviar la pobreza de los cristianos judíos en Jerusalén, seguramente sabía desde un principio que el
proyecto era de gran envergadura y que no tenía
ninguna garantía de tener éxito; es decir, de reunir una suma considerable, una que demostrara
un amor real de los griegos por aquellos que estaban en Cristo antes que ellos. El proyecto era en
gran manera una empresa de fe.

Respecto a la colecta

Se está haciendo cada vez más claro por qué la
vida cristiana es en esencia un camino de debilidad por el cual Dios nos conduce, sustentándo-
nos y fortaleciéndonos para servir a medida que
avanzamos. Respecto a las tareas y las relaciones,
a menudo es correcto, y parte de nuestro llamado, que aceptemos opciones donde sintamos que
no hacemos pie, y en donde sabemos que es imposible que triunfemos sin la ayuda de Dios. Y en
cuanto a las circunstancias, suele suceder que, según la providencia soberana de Dios, surgen dificultades imprevistas que nos vuelven a llevar al

Señor para buscar apoyo, y que someten nuestra fe y nuestra fidelidad a pruebas extenuantes. De una u otra manera, Dios obra en nuestras vidas el patrón bautismal de «a través de la muerte a nueva vida con Cristo», el cual el rito en sí representa como «bajo el agua y subir desde abajo». Y esto nos muestra lo acertado que estuvo William Law y cuán en lo correcto estaba al escribir:

> Reciban toda tribulación interna y externa, toda desilusión [...] oscuridad [...] y desolación con ambas manos, como una verdadera oportunidad y ocasión de bendición, de morir a uno mismo y de participar de una comunión más plena con su Salvador sufriente y que se negó a sí mismo.

> [...] No miren ningún problema interior o externo de otra manera; rechacen cualquier otro pensamiento al respecto; entonces, toda clase de prueba o angustia se transformará en el bendito día de su prosperidad. (A Humble, Earnest, and Affectionate Address to the Clergy [Un llamado humilde, sincero y afectuoso al clero; New-Bedford: Lindsey, 1818], 136-37)

Cuando las circunstancias parecen conspirar para debilitarte y dejarte en ese estado, Law dice que Cristo siempre desea que acudas a Él y encuentres nuevas fuerzas, como ya escuchamos a Pablo decir a los corintios que está haciendo respecto a su espina en la carne. En la vida cristiana y el ministerio de toda persona, la debilidad ciertamente es el camino.

Entonces, una manera de entender lo que sucede mientras Pablo escribe 2 Corintios, tal vez por cierto la manera más profunda, es la siguiente: El propósito central de Pablo es asegurarse de que, cuando llegue a Corinto, la colecta esté lista para que él la lleve a Jerusalén. Así, los capítulos 8 y 9, que hablan de este tema, constituyen la verdadera ocasión de esta carta, y el centro de la epístola. Pero Pablo teme que no tomen en serio su llamado; en parte, porque todo su pastorado apostólico está bajo la lupa en Corinto, y en parte porque teme haber alienado a la congregación profundamente; primero, por su severidad contra la persona cuyas supuestas aberraciones hicieron que fuera necesaria la visita para corroborar los hechos y la carta severa, y segundo, por la decisión de Pablo de no visitarlos tan temprano como planeaba.

El apóstol teme que los corintios lleguen a la conclusión de que es una persona voluble, impredecible y egoísta, como sin duda eran muchos maestros itinerantes de la época. A la hora de la verdad, los gentiles que viven en una difícil ciudad portuaria griega no parecen importarle demasiado, excepto a la hora de explotarlos para el beneficio de sus compañeros judíos. Si ese fuera el caso, sería imposible que los corintios respetaran a Pablo como el fundador y pastor de su congregación, así que la ansiedad de Pablo es completamente comprensible. Entonces, ¿qué hace?

Empieza dedicando lo que resulta ser más de la mitad de la carta a esforzarse por recuperar la confianza de los corintios y, de ser posible, su afecto, antes de siquiera mencionar la colecta. Cuando por fin llega al tema, dedica dos capítulos a hacer lo imposible para alentar y motivar a los corintios a ser generosos. Después, en una repentina transición por segunda vez, termina la carta con un tono de autoridad apostólica alternada con un testimonio apabullante, rogando que lo tomen en serio ahora, para que no haya lugar para tensiones cuando vaya a visitarlos. Pero para Pablo, lo crucial en todo momento es la colecta, desde la primera hasta la última frase de la carta.

¿Por qué para él es tan importante esta recaudación? Porque cuando, en Jerusalén, alrededor de una década antes, Jacobo, Pedro y Juan dieron su bendición para que Bernabé y Pablo fueran a evangelizar el mundo gentil, «nos pidieron que nos acordáramos de los pobres [en Jerusalén], y eso es precisamente lo que he venido haciendo con esmero» (Gál. 2:10). Así que durante ya varios años, obligado por su promesa, Pablo ha estado planeando un alivio para la pobreza mediante las iglesias gentiles que fundó. En 1 Corintios 16:1-4, Pablo ordena la disciplina de separar dinero cada día del Señor con este propósito. Un año más tarde, en 2 Corintios 8:10-11, Pablo reprende suavemente a sus lectores por haber descuidado esta tarea, y los anima a terminar lo que empezaron. Para él, como muestran estos capítulos, es sumamente importante que las iglesias gentiles cumplan con la tarea que se les dio cuando empezó la misión a los gentiles.

¿Qué dice en realidad Pablo sobre la colecta para estimular a los corintios a un esfuerzo renovado? Sus argumentos se pueden resumir de la siguiente manera:

Las iglesias de Macedonia (los filipenses y los tesalonicenses, en el norte de Grecia) ya se habían destacado en la gracia de ofrendar para esta buena causa, a pesar de su pobreza. Pablo desea que los corintios, quienes sobresalían en tantas otras cosas, los igualaran o incluso los superaran (8:1-7). Aquí, Pablo está dejando en evidencia a los corintios para que se pongan en acción.

El suyo no es un mandato sino una expresión de deseo, que puedan ofrendar de tal manera que muestren su gratitud a Cristo por haberlos enriquecido a través de la cruz, de una manera que corresponda con su compromiso inicial, con lo que los macedonios ya dieron y que sea proporcional con su medida de abundancia (8:8-15). Pablo está estimulando con vigor a los corintios a que se pongan en acción.

Tito y otros dos líderes vendrán a Corinto antes que Pablo para garantizar que la colecta se haya completado y esté lista para que el apóstol la recoja al llegar. De esa manera, no habrá riesgo de pasar vergüenza si los macedonios (a los cuales Pablo les anunció el compromiso de los corintios) llegan con él, como bien podrían, y encuentran a los corintios mal preparados. Es evidente que Pablo está ansioso y desea que el proceso de recolectar y transportar esta ofrenda de dinero a Jerusalén sea directa, sin problemas, sincera y legítima, de principio a fin, y que los demás lo vean. Es razonable que esté ansioso. Seguramente, no era poco común que un maestro itinerante recolectara ofrendas y luego se fugara con el dinero; Pablo lo sabía y los corintios también, y el apóstol resolvió dejar en claro que este no sería el caso (8:16–9:5). Entonces, aquí Pablo está disipando sospechas que podrían hacer que los corintios no contribuyan con generosidad y se pongan en acción con entusiasmo.

Dios, en Su providencia, bendecirá a aquellos que se transformen en dadores alegres para Su causa (9:6-11). Aquí, Pablo brinda un aliento práctico a los corintios, como creyentes en la fidelidad de Dios, y los insta a expresar su fe y su esperanza respondiendo en acción.

Los cristianos de Jerusalén apreciarán muchísimo la generosidad de los corintios y expresarán su aprecio con acción de gracias y oración por ellos, y con el deseo de una comunión más profunda con ellos. Así, Dios será glorificado (9:11-14). Aquí, Pablo provee ánimo espiritual a los corintios, como partes del cuerpo de Cristo y devotos a Dios, para que se entreguen a Dios y a Pablo, tal como hicieron los macedonios, y entonces se consagren con sus acciones.

Parecería que los ruegos de Pablo dieron su fruto, ya que leemos que, junto con un equipo de ocho (los siete que se nombran en Hechos 20:4 y Lucas, el narrador), el apóstol llegó a Jerusalén a tiempo y «los creyentes [los] recibieron calurosamente» (Hech. 21:17). Sin duda, toda la colecta se le entregó al liderazgo en ese momento.

UNA BASE PARA LA GENEROSIDAD

«Base» es una palabra que usamos para referir-
nos a algo que va primero y que es fundamental
en diversas áreas de la vida, desde la aplicación de
pinturas hasta el aprendizaje de idiomas. (Hace
tres cuartos de siglo, me enseñaron latín utilizan-
do The Revised Latin Primer [La cartilla base
del latín]). Ahora, les ofrezco a mis lectores una
base para la generosidad cristiana, con la materia
prima de 2 Corintios 8–9, el pasaje principal del
Nuevo Testamento al respecto.

Para empezar, este es el texto de 2 Corintios
9, donde se anuncian directamente todos los
principios claves:

> No hace falta que les escriba acerca de esta ayuda
> para los santos, porque conozco la buena dispo-
> sición que ustedes tienen. Esto lo he comentado
> con orgullo entre los macedonios, diciéndoles
> que desde el año pasado ustedes los de Acaya [la
> parte de Grecia donde se encontraba Corinto]
> estaban preparados para dar. El entusiasmo de
> ustedes ha servido de estímulo a la mayoría de
> ellos. Con todo, les envío a estos hermanos para
> que en este asunto no resulte vano nuestro orgu-
> llo por ustedes, sino que estén preparados, como
> ya he dicho que lo estarían, no sea que algunos
> macedonios vayan conmigo y los encuentren
> desprevenidos. En ese caso nosotros —por no
> decir nada de ustedes— nos avergonzaríamos
> por haber estado tan seguros. Así que me pa-
> reció necesario rogar a estos hermanos que se
> adelantaran a visitarlos y completaran los pre-
> parativos para esa generosa colecta que ustedes

habían prometido. Entonces estará lista como una ofrenda generosa, y no como una tacañería.

Recuerden esto: El que siembra escasamente, escasamente cosechará, y el que siembra en abundancia, en abundancia cosechará. Cada uno debe dar según lo que haya decidido en su corazón, no de mala gana ni por obligación, porque Dios ama al que da con alegría. Y Dios puede hacer que toda gracia abunde para ustedes, de manera que siempre, en toda circunstancia, tengan todo lo necesario, y toda buena obra abunde en ustedes. Como está escrito:

«Repartió sus bienes entre los pobres; su justicia permanece para siempre».

El que le suple semilla al que siembra también le suplirá pan para que coma, aumentará los cultivos y hará que ustedes produzcan una abundante cosecha de justicia. Ustedes serán enriquecidos en todo sentido para que en toda ocasión puedan ser generosos, y para que por medio de nosotros la generosidad de ustedes resulte en acciones de gracias a Dios. Esta ayuda que es un servicio sagrado no solo suple las necesidades de los santos, sino que también redunda en abundantes acciones de gracias a Dios. En efecto, al recibir esta demostración de servicio, ellos alabarán a Dios por la obediencia con que ustedes acompañan la

confesión del evangelio de Cristo, y por su generosa solidaridad con ellos y con todos. Además,
en las oraciones de ellos por ustedes, expresarán
el afecto que les tienen por la sobreabundante
gracia que ustedes han recibido de Dios. ¡Gracias a Dios por su don inefable!

A la luz de lo que enseña este capítulo, in-
tentaré responder cuatro preguntas: (1) ¿Qué
es la generosidad cristiana? (2) ¿Por qué los
cristianos debemos ofrendar? (3) ¿Cómo debemos ofrendar los cristianos? (4) ¿Qué efecto
tienen los principios y la práctica de la generosidad cristiana en nuestra exploración de cómo
la aparente debilidad humana se transforma en
verdadera fortaleza espiritual en y a través de
nuestro Señor?

¿QUÉ ES LA GENEROSIDAD CRISTIANA?
A la pregunta del qué, respondo con cuatro afirmaciones.

1. La generosidad cristiana es tanto un don espiritual como una disciplina de discipulado a
   nuestro Señor Jesucristo.

¿Qué es un don espiritual? En el griego, Pablo
tiene dos sustantivos para identificar cualquier
elemento en esta categoría: *járisma*, un producto
del amor divino activo, comunicativo y redentor
que el Nuevo Testamento llama *járis* y nosotros
llamamos «gracia», y *pneumatikós*, que se refiere a una expresión de la vida y la energía de

la persona divina a la cual el Nuevo Testamento llama *jágion pneúma*, el Espíritu Santo. Un don espiritual —un regalo de gracia, como bien podríamos describirlo— es en esencia un patrón de servicio en la iglesia que honra a Cristo, glorifica a Dios el Padre, edifica a los creyentes y a uno mismo, e imparte fortaleza y madurez a la iglesia como un todo. Algunos dones son habilidades que trascienden los recursos naturales y se conceden de forma sobrenatural en y a través de Cristo; otros son habilidades naturales redirigidas, santificadas y activadas por el Espíritu Santo desde el interior cada vez que se ejercen. De esta manera, los poderes sanadores intermitentes de Pablo eran un don del primer tipo, mientras que su capacidad incansable para la enseñanza de la verdad del evangelio era un don de la segunda clase. Ahora bien, la generosidad al dar es un don del segundo tipo.

En Romanos 12:6, Pablo escribe: «Tenemos dones diferentes, según la gracia que se nos ha dado», y procede a dar ejemplos, enfatizando cada vez que cada uno use su don de la mejor manera posible. Habla de la profecía (es decir, de anunciar la palabra de Dios), del servicio, la enseñanza, la exhortación y el ejercicio del liderazgo. Entonces, en el versículo 8, llega a lo siguiente: «si [el don] es el de socorrer a los necesitados, que dé con generosidad». «Dé» es una palabra griega que significa «comparta», y sin duda se refiere a compartir dinero, a medida que aquellos que tienen dan para suplir las necesidades de los que no tienen. «Generosidad» es un término que también significa «sinceridad», y Pablo probablemente lo selecciona aquí porque siempre conlleva matices de una bondad transparente que se expresa.

Así que dar, compartir o usar dinero para aliviar las necesidades es un don espiritual, y alguien que da con generosidad es tan carismático como aquel que ora por la sanidad de otro o que habla en lenguas. Además, dar es una disciplina como discípulo del Señor Jesús. Las disciplinas no surgen de manera natural y sin esfuerzo. Al contrario, son hábitos adquiridos y sostenidos de pensamiento o conducta que requieren de una práctica constante para perfeccionarlos, y a menudo suponen técnicas específicas.

Las virtudes cristianas —una de ellas, la generosidad— son disciplinas que Cristo elogia, manda y modela como cualidades de vida que deberían distinguir a todos Sus discípulos; es decir, a todos los que se han comprometido a aprender Su manera de vivir. (La palabra griega para discípulo significa «alumno»). Todos los dones espirituales son, desde un punto de vista, disciplinas de discipulado, y si no transitamos en forma activa por el camino de dar con generosidad, directamente tenemos que aceptar que somos débiles y deficientes como discípulos que dependen de Cristo Jesús nuestro Señor... lo cual significa que necesitamos cambiar con urgencia.

2. La generosidad cristiana implica administrar el

dinero de Dios.

Cuando pensamos en la administración cristiana del dinero en cualquier contexto —desde comprar víveres, apoyar a misioneros, invertir en la industria y hasta financiar unas vacaciones—, lo primero que debemos entender es que el dinero que tenemos para administrar no es nuestro, sino de Dios. Sí, se nos ha dado para usarlo, pero sigue siendo de Él. Lo tenemos como un préstamo, y a su debido tiempo, deberemos dar cuenta a Dios de lo que hicimos con él.

Ese es el punto de la palabra mayordomía, la cual, en efecto, es la manera en que hoy la iglesia se refiere a la disciplina de dar. Un mayordomo es alguien a quien el dueño le confía la administración de sus bienes. Un administrador de inversiones es un mayordomo: controla los bienes de sus clientes en un sentido, pero su tarea es entender e implementar los deseos y las prioridades de sus clientes respecto a cómo usarlos. De la misma manera, un fideicomisario es un mayordomo: su trabajo es invertir, proteger y distribuir el dinero en el fideicomiso según el propósito establecido por la persona que lo designó.

La sociedad (la cual la Escritura llama «el mundo») considera que cada persona es dueña de su dinero, y la usa como mejor le parece. No obstante, la Escritura considera que nuestro dinero es un préstamo de Dios, para utilizar para Su gloria. En la liturgia de la Santa Comunión, en el Libro de Oración Común de la iglesia anglicana, se ofrece la colecta a Dios con estas palabras: «Todas las cosas que están en los cielos y en la tierra son tuyas. Todo es tuyo, y de lo recibido de tu mano te damos» (palabras tomadas de 1 Crón. 29:11, 14). Esa es la perspectiva bíblica constante. El dinero que se suele considerar como propiedad personal sigue siendo de Dios; lo recibimos de Su mano como Sus mayordomos y administradores, y debemos aprender a administrarlo para Su alabanza.

3. La generosidad cristiana es un ministerio con el dinero de Dios.

Ministerio significa servicio; servicio significa aliviar una necesidad; necesidad significa la falta de algo sin lo cual no se puede estar bien. Pablo llama a su plan de ayuda financiera para los pobres de Jerusalén «ministración para los santos» (2 Cor. 9:1, RVR1960) porque los pobres se ven negados de las necesidades básicas de la vida. Pablo celebra y establece como modelo la manera en la cual las iglesias de Macedonia abrazaron este modo de ministerio, atribuyendo su acción directamente a la gracia de Dios. «En medio de las pruebas más difíciles, su desbordante alegría y su extrema pobreza [¡qué combinación!] abundaron en rica generosidad. [...] dieron espontáneamente [...] aún más de lo que podían, rogándonos con insistencia que les concediéramos el privilegio de tomar parte en esta ayuda para los santos. [...] se entregaron a sí mismos, primeramente al Señor y después a nosotros, conforme a la voluntad de Dios» (2 Cor. 8:2-5).

El ministerio de dar con generosidad tiene muchos objetivos: extender el evangelio, sostener a la iglesia, cuidar a personas en apuros (como hizo el samaritano en la historia de Jesús con el judío golpeado y medio muerto), sostener a grupos necesitados como los cristianos de Jerusalén, y más. El ministerio de dar en todas sus formas apunta a la extensión, el cual se vuelve realidad en la vida humana siempre que se cumplen los valores y las prioridades que enseñó Cristo. De más está decir que todo el pueblo de Dios debe participar en este ministerio.

4. La generosidad cristiana es una mentalidad respecto al dinero de Dios.

La administración y el ministerio son cuestiones de un desempeño motivado. Una mentalidad es una actitud característica, una orientación habitual, un deseo arraigado y, como tal, algo que nos motiva y nos da propósito. La generosidad cristiana apunta a agradar y glorificar a Dios, y a no conformarse jamás con menos; entonces, tanto de manera positiva como negativa, se trata del uso que Dios desea que hagamos del dinero que nos confía.

Jesús contó la historia de un siervo que, cuando se le dio un talento para usar, no hizo nada más que esconderlo hasta poder devolvérselo a su amo. «Malo», «perezoso» e «inútil» son los adjetivos que usó su amo respecto a él (Mat. 25:14-30). Para no conformarse con lo que es bastante bueno, posiblemente bueno o suficientemente bueno, es necesario un pensamiento

emprendedor e imaginativo que la Biblia llama
sabiduría. Dar al azar y sin sabiduría es subcris-
tiano, lo mismo que sería dar nada o dar mucho
menos de lo que uno puede.

Esto plantea la pregunta: ¿cuánto debería dar
cada uno? Específicamente, ¿deberíamos diez-
mar? Algunos parecen pensar que dar el diezmo
es como pagarle el alquiler a Dios: una vez que
le dimos el 10 % de nuestro ingreso, el resto es
nuestro. Pero no es así; todo es de Dios, y en ninguna parte del Nuevo Testamento se les dice a
los cristianos que diezmen. Pablo no les dice a los
corintios que junten su parte de la colecta diez-
mando, sino que, si dan con generosidad a Dios,
Él también será generoso con ellos.

> Recuerden esto: El que siembra escasamente, es-
> casamente cosechará, y el que siembra en abun-
> dancia, en abundancia cosechará. [...] Y Dios
> puede hacer que toda gracia abunde para uste-
> des, de manera que siempre, en toda circunstan-
> cia, tengan todo lo necesario, y toda buena obra
> abunde en ustedes. [...] Ustedes serán enrique-
> cidos en todo sentido para que en toda ocasión
> puedan ser generosos, y para que por medio de
> nosotros [al entregar su ofrenda] la generosidad
> de ustedes resulte en acciones de gracias a Dios.
> [...] ellos alabarán a Dios por [...] su generosa
> solidaridad con ellos y con todos. (2 Cor. 9:6,
> 8, 11, 13)

El valor que le da Pablo a los macedonios por
ofrendar «espontáneamente tanto como po-

dían, y aún más de lo que podían» (8:3) sugiere que su respuesta a la pregunta: «¿Cuánto debería dar cada uno?» sería: cada uno debe dar todo lo que pueda sin reparos, espontáneamente y con comodidad, y después probar su celo y su entrega plena a Dios dando un poco más.

A la luz del elogio de Jesús a la viuda pobre que puso en el tesoro del templo todo lo que tenía, es natural suponer que Él también respondería a nuestras preguntas desafiándonos de manera similar. Por cierto, así pensaba John Wesley al decirles a sus predicadores laicos: «Den todo lo que puedan», y lo que pensaba C. S. Lewis al indicarle a un corresponsal que le hizo la misma pregunta: «Da hasta que duela». A fuerza de una generosidad constante, el mismo Wesley murió casi sin un centavo, y según se dice, las donaciones privadas de Lewis eran inmensas.

Tal vez sea una buena idea practicar dar el diezmo a modo de muleta, hasta que nos acostumbremos a dar sumas más grandes que antes, pero deberíamos apuntar a dejar esa muleta atrás, al haber formado el hábito cristiano de dar más del diez por ciento. Cuando se cuestiona cuánto dar, el cielo debería ser el límite, y la palabra de sabiduría: «Anímate a hacerlo».

¿POR QUÉ LOS CRISTIANOS DEBEMOS OFRENDAR?

Aunque la pregunta de por qué deberíamos dar ya debiera estar eficazmente respondida, creo que será útil atar todos los cabos sueltos, definir nuestra respuesta y seguir el ejemplo del maestro bíblico que restructuró las Bienaventuranzas de Cristo (indicativos de la vida cristiana) como actitudes a adoptar o imperativos para la vida cristiana. Entonces, estas cuatro actitudes que cambian nuestra forma de ser constituyen mi respuesta a la pregunta.

1. Sé agradecido con tu misericordioso Dios.
Se ha dicho con razón que, en el Nuevo Testamento, la doctrina es la gracia, y la ética —es decir, la conducta prescrita— es la gratitud. Y la gratitud es impulsada tanto por el conocimiento intelectual de la gracia de Cristo como por el poder de esa gracia en el corazón, con Cristo como el centro de atención en todo momento y en ambas cosas. «Ya conocen la gracia de nuestro Señor Jesucristo, que, aunque era rico, por causa de ustedes se hizo pobre, para que mediante su pobreza ustedes llegaran a ser ricos» (2 Cor. 8:9). Dar a Dios siempre debería expresar una gratitud infinita por una gracia casi increíble.

2. Sé generoso con tu prójimo necesitado.
Bien podríamos llamar «samaritanismo» a una generosidad a gran escala para con alguien en problemas, haciendo eco de la parábola de Jesús. Pero no debemos olvidar que Él contó aquella historia para responder a la pregunta: «¿Quién es mi prójimo?». Y su respuesta, sencillamente, es: cualquier persona con la que te encuentres o que se te cruce es tu prójimo, y debes hacer todo lo posible para aliviar su necesidad, una vez que la percibes. Después de todo, la esencia de la existencia cristia-

na no se trata de rotular sino de amar, y el amor no se trata de palabras sino de acción.

3. Entrégate a Cristo tu Salvador como Su discípulo. Sigue el patrón del estilo de vida de tu Maestro. Hace algunos años, una descripción popular de Jesús era: «el hombre para los demás». Sin duda, hay mucho más para decir que eso, pero también es cierto que no se puede decir menos. La entrega personal, en el sentido de entregar todo Su poder y Sus recursos al servicio de otros, fue Su marca distintiva, y también debe ser la nuestra. Debemos poner en práctica nuestra afirmación de ser discípulos de Cristo, y para evitar la hipocresía como la de Ananías y Safira, también debemos dar, compartir plenamente como para el Señor, sin importar cuánto tengamos.

4.Glorifica a Dios.
Alaba a Dios, dale honra y gracias por todo lo que te ha dado. Planea, al igual que Pablo, hacer y dar de manera que lleve a otros a alabar y dar gracias a Dios. Así, esfuérzate por evocar y garantizar la adoración y la apreciación al Dios que tú mismo aprecias y adoras. Dar con generosidad suele surtir este efecto, al igual que todas las formas de obediencia determinada y servicio a Dios que otros puedan ver en nosotros.

Pablo se está esforzando como organizador, facilitador y correo de la colecta, pero no está buscando elogios para sí mismo. Lo que desea ver es una gratitud que glorifique a Dios por parte de todas las personas en la situación. Escri-

biendo con el estilo ligeramente pomposo que
refleja su conciencia de la sensibilidad extrema
de la iniciativa motivadora que tiene a la mano,
Pablo afirma:

> ... por medio de nosotros [como proponentes y
> los que entregaban la ofrenda] la generosidad de
> ustedes [los corintios] resulte en acciones de gra-
> cias a Dios. Esta ayuda que es un servicio sagrado
> no solo suple las necesidades de los santos, sino
> que también redunda en abundantes acciones de
> gracias a Dios. En efecto, al recibir esta demostra-
> ción de servicio, ellos [los creyentes de Jerusalén]
> alabarán a Dios por la obediencia [a la noticia
> de la necesidad comunicada por Pablo] con que
> ustedes acompañan la confesión del evangelio de
> Cristo, y por su generosa solidaridad con ellos y
> con todos. (2 Cor. 9:11-13)

Tomar en serio estas cuatro actitudes, sin duda
nos transformará en dadores, incluso a los más
tacaños.

Las palabras finales de Pablo, «¡Gracias a
Dios por su don inefable!» (9:15), parecen refe-
rirse integralmente al regalo de Jesucristo de ser
nuestro Salvador y de hacernos partícipes, junto
con los corintios, del proceso de reacción en ca-
dena de la generosidad, la acción de gracias y la
comunión que glorifica a Dios y es en sí un privilegio enriquecedor del cual formar parte.

¿CÓMO DEBEMOS OFRENDAR LOS CRISTIANOS?

¿Con qué actitud deberían ofrendar los cristianos? Veamos las cinco cosas que Pablo dice al respecto.

1. Las ofrendas deberían ser voluntarias.
Los que ofrendan no deben estar bajo presión ni dejarse llevar por la multitud a una acción precipitada y tal vez incluso reacia. Hay que darles espacio para pensar en lo que están haciendo, de manera que su acción exprese un juicio considerado de que es lo que deberían hacer, y que al hacerlo, están haciendo lo mejor que pueden en su situación particular para extender el reino de Dios, actuando de principio a fin por su propia voluntad.

En 9:3-5, Pablo explica por qué envía a tres colegas a Corinto antes que él para que «completaran los preparativos para esa generosa colecta que ustedes habían prometido. Entonces estará lista [cuando yo llegue] como una ofrenda generosa, y no como una tacañería». La palabra griega para «tacañería» suele expresar ideas de una codicia activa y de obligar a las personas a donar lo que no quieren dar. Pablo no desea que nadie ofrende por obligación, solo porque el apóstol les está pidiendo dinero, así que se propone negar cualquier sospecha de esta clase. «Cada uno debe dar según lo que haya decidido en su corazón, no de mala gana ni por obligación, porque Dios ama al que da con alegría» (9:7), y nadie estará alegre si desearía no tener que dar en primer lugar.

2. Las ofrendas deben darse con alegría.

«Dios ama al que da con alegría» (9:7). ¿De dónde viene la alegría? El siguiente versículo responde a esta pregunta: «Y Dios puede hacer que toda gracia abunde para ustedes, de manera que siempre, en toda circunstancia, tengan todo lo necesario, y toda buena obra abunde en ustedes». Aquellos que dan tan generosamente como pueden, con el espíritu anclado en esta confianza respecto al futuro que Dios tiene para ellos, descubrirán cierta euforia y ligereza de espíritu en su interior al hacerlo, y después reflexionarán en lo que hicieron. Su acción ha expresado tanto gratitud a Dios por Su gracia hasta ahora como fe en Su fidelidad para el futuro, y no debemos sorprendernos cuando Dios mismo reconoce esto sustentándolos con un corazón alegre que percibe Su amor. Creo que cualquier lector que haga este experimento por primera vez se sorprenderá al descubrir lo eufórica que puede ser esta alegría.

3. Las ofrendas deben ser deliberadas.

Es necesario planearlas y considerarlas bien, tomando en cuenta todas las obligaciones financieras que tenemos que cumplir. La generosidad abundante no debe perder de vista la realidad y volverse irresponsable, de la misma manera que no debería invocar la evasión por «corbán» de los fariseos que Jesús denunció en Marcos 7:9-13. «Porque, si uno lo hace de buena voluntad, lo que da es bien recibido según lo que tiene, y no según lo que no tiene», escribe Pablo

(2 Cor. 8:12). La buena voluntad junto con el realismo es algo digno de elogiar.

4. Las ofrendas deben administrarse con sabiduría. La ansiedad de Pablo de que todo lo relacionado con la colecta sea y se perciba como legal y sensato para todas las partes involucradas sin duda es sabia y prudente. También lo es el cuidado que tiene Pablo de garantizar que ni él, que ha ensalzado frente a los macedonios la voluntad de los corintios para contribuir, ni los corintios en sí pasen vergüenza ante los macedonios, quienes han dado con tanta libertad, y ahora descubran que los corintios no estaban listos después de todo (9:2-5). Pablo entiende lo que la comunión cristiana requiere de él y de todos; una cuestión relacional de tres aspectos: confiar, que confíen en ti y ser hallado digno de confianza. Por cierto, él es un ejemplo de estas cosas.

5. En la medida de lo posible, las ofrendas deberían ser cooperativas.

Las causas comunes, cuando las personas se agrupan para dar para un propósito específico (como la colecta de Pablo, el presupuesto de una iglesia local o un proyecto del vecindario), requieren que demos con generosidad según el principio de Pablo de partes equitativas. Equitativas no quiere decir que todos den el mismo monto, sino que todos estén igualmente comprometidos a dar todo lo que pueden y ayudarse unos a otros a alcanzar el objetivo (8:10-15). Está comprobado que, cuando se da según el principio de participación equitativa, entendido de esta manera, la comunión se profundiza de modo maravilloso.

(Deberíamos observar que Pablo desliza esta cuestión de la participación equitativa de manera delicada e indirecta, como quien va con pie de plomo. Probablemente, esto se deba a que sabe que los corintios son conscientes, o pronto lo serán, de que lo que prometieron un año atrás era mucho más de lo que los macedonios —cuya generosidad Pablo se cansó de destacar— se las arreglaron para juntar. Y le genera mucha ansiedad que no surjan actitudes de rivalidad o superioridad en los corazones de los corintios, que los lleven a perder el entusiasmo por el proyecto como una iniciativa en pro de la comunión cristiana global).

¿QUÉ TIENE QUE VER EL DINERO CON LA DEBILIDAD?

Por último, ¿qué tiene que ver todo esto con transitar por el camino de la debilidad, que me atreví a identificar como la vida cristiana más auténtica?

Al principio de este capítulo, vimos que la naturaleza humana caída le adjudica un valor exagerado e inapropiado al dinero, considerando nuestras inversiones y cuentas bancarias como la fuente suprema de seguridad, estatus, trascendencia, respeto e influencia en la sociedad. Pareciera que el mundo se percibe como un lugar donde los ricos son importantes y los pobres no, y muchos cristianos parecen haberse tragado esta visión. Así que, cuanto más prósperos se vuelven y más años van cumpliendo, más difícil les resulta considerar la posibilidad de correr el riesgo —y humanamente hablando, claro que es un riesgo— de dar con generosidad, año a año, a las causas cristianas. Es vergonzoso reconocer que, cuanto más ricos se vuelven los cristianos, menos dan, pero es justamente lo que parece suceder en muchos casos.

Sin embargo, la debilidad —la incapacidad de controlar finalmente nuestra situación de vida en lo que respecta a las relaciones, las circunstancias, las finanzas, la salud, etc.—, a pesar de todo lo que puede hacer nuestra cultura terapéutica de hoy por nosotros, nos acompañará hasta que termine nuestra vida en este mundo. Nuestro Señor Jesucristo vivió en pobreza todos los años de Su ministerio y, después de ser despreciado y rechazado, como lo expresó Isaías: «fue crucificado en debilidad» (2 Cor. 13:4). Esto nos habla sobre la clase de camino de vida que debemos estar preparados para transitar como discípulos. Pablo, al depender del Cristo resucitado, encontró fortaleza para vivir con la debilidad y nos muestra cómo hacer lo mismo. Pero nuestras debilidades no desaparecerán, así como las de él tampoco lo hicieron, y si creemos que el dinero puede eliminarlas, en realidad las empeoramos al cultivar el autoengaño. La verdad que debemos enfrentar aquí es que somos llamados a aprender la habilidad de la administración piadosa del dinero y la generosidad cristiana sabia, tal como enseñan Jesús y Pablo, y deberíamos dar gracias por 2 Corintios 8 y 9, capítulos que nos permiten tomar impulso.

4

Cristo y la esperanza cristiana

*¡Alabado sea Dios, Padre de nuestro Señor
Jesucristo! Por su gran misericordia, nos ha
hecho nacer de nuevo mediante la resurrección
de Jesucristo, para que tengamos una esperanza
viva y recibamos una herencia indestructible,
incontaminada e inmarchitable. Tal herencia
está reservada en el cielo para ustedes.*
1 Pedro 1:3-4

LA BÚSQUEDA DE LA ESPERANZA

«Donde hay vida, hay esperanza» es una verdad
profunda. Sin embargo, lo opuesto es más profundo: «Donde hay esperanza, hay vida». Los
seres humanos somos criaturas diseñadas para
la esperanza; vivimos en gran parte apoyados y
metidos en lo que anticipamos, en cosas que sabemos que vendrán y que esperamos con ansias.

Si la luz de la esperanza se apaga, la vida se reduce a una mera existencia, algo totalmente inferior a aquello para lo cual fue diseñada. Esto es algo que debemos aceptar.

Era una escuela de varones miembro de la elite educativa de Inglaterra, y en medio de su brillante galaxia de instructores, el erudito que más se destacaba era un hombre al que llamábamos Bill (a sus espaldas, por supuesto), el director. Cuando estudié los clásicos del griego y el latín en Oxford, no encontré ningún tutor que le llegara a los talones a Bill o que pudiera enseñarme ni la mitad de lo que él ya me había enseñado. Era el hijo de un clérigo que se había apartado de la fe y se había vuelto una especie de budista.

Décadas más tarde, conversando con uno de mis expedagogos, pregunté por Bill, el cual, por lo que sabía, se había jubilado y tenía poco más de 90 años. Recuerdo palabra por palabra la respuesta a mi pregunta, basada en una visita reciente: «Está muy deprimido. Le pregunté qué estaba haciendo en esos días, y lo único que me respondió fue: "Esperando el final"». Al recordar el vigor afilado y optimista de la mente de Bill en su apogeo, me sentí sumamente triste por él. Como sabemos, el budismo no engendra esperanza. Así que aquí estaba este hombre entrado en años, brillante en su época, que ahora se marchitaba en lugar de florecer con la edad. ¿Es eso lo mejor que uno puede esperar?

«La esperanza brota eterna en el pecho humano», declaró Alexander Pope con el estilo pomposo que lo caracteriza, pero esa no es toda la historia. Durante la primera mitad de la vida, la esperanza espontánea por cierto impulsa a las personas hacia delante. Los niños esperan hacer esto y aquello cuando crezcan; los adolescentes esperan poder ir a ciertos lugares y hacer ciertas cosas cuando tengan dinero; los recién casados esperan tener un buen ingreso, un lugar agradable para vivir e hijos de los buenos; las parejas establecidas esperan el día en que los hijos volarán del nido y ellos recuperarán la libertad de viajar, pasear y ver el mundo. Pero, ¿y después? Llega el momento en el cual los ancianos y los que, como decimos, están entrando en años, se dan cuenta de que hicieron todo lo que podían de las cosas que querían hacer, y que el resto ahora está permanentemente fuera de su alcance («la vida es demasiado corta», como afirmamos con amargura).

Sin embargo, la vida continúa. Por cierto, hoy en día las personas viven más que antes, pero la experiencia común es que la edad extendida y extrema solo trae un aburrimiento sombrío y un sentido disminuido de la buena vida, que consiste meramente de tres comidas al día, televisión para mirar y una cama por la noche. La teoría social secular no ha podido responder si, a medida que la salud empeora y la mente y la memoria se van descarrilando, es posible tener una experiencia mejor y más enriquecedora en la ancianidad.

Sin embargo, la Biblia parece tener una respuesta.

La senda de los justos se asemeja a los primeros albores de la aurora: su esplendor va en aumento hasta que el día alcanza su plenitud. (Prov. 4:18)

Aun cuando sea yo anciano y peine canas, no me abandones, oh Dios, hasta que anuncie tu poder a la generación venidera... (Sal. 71:18)

El ministerio de Moisés comenzó cuando él tenía 80 años. ¿Dónde está la diferencia? ¿Qué nos da la Biblia que la teoría secular no puede igualar? En una palabra: esperanza. Una esperanza que no se entiende en el sentido débil de ir silbando con optimismo en la oscuridad, sino en el sentido sólido de una certeza sobre lo que viene, porque Dios mismo lo ha prometido. Esta esperanza es única en los campos de la religión y la filosofía. El filósofo Kant observó que la pregunta: «¿Qué puedo esperar?» es una de las más importantes que podemos hacer, pero no dijo que tuviera alguna respuesta.

No obstante, la Biblia la aborda directamente, poniendo delante de aquellos que pertenecen a Cristo un destino que sobrepasa los límites de este mundo y se despliega en un caleidoscopio de maravillas, riquezas y deleites, a lo cual le da el nombre genérico de «gloria». Su destino es inmenso y emocionante, y los escritores del Nuevo Testamento muestran que también lo percibían así. Así como la expectativa de algo emocionante y grande (por ejemplo, una festividad familiar importante) hace que los niños estén alertas y con una anticipación impaciente tiempo antes de que suceda, el futuro grande y emocionante para los discípulos fieles de Cristo, el cual Pablo sin duda esperaba con ansias, también lo mantuvo a pleno rendimiento apostólico a través de todas las experiencias adversas a las que alude en 2 Corintios.

¿Y acaso el conjunto de escritores del Nuevo Testamento, junto con el mismo Señor Jesús, esperan que este destino prometido traiga entusiasmo y sobrecogimiento y asombro y gozo al corazón de todos los cristianos? La respuesta es un enfático sí. Entonces, esta es la perspectiva, la esperanza que brota de la promesa, la cual exploraremos a continuación.

Esto nos lleva al pasaje en el que concentraremos nuestra atención, 2 Corintios 4:5–5:8. Aquí lo tienes:

No nos predicamos a nosotros mismos, sino a Jesucristo como Señor; nosotros no somos más que servidores de ustedes por causa de Jesús. Porque Dios, que ordenó que la luz resplandeciera en las tinieblas, hizo brillar su luz en nuestro corazón para que conociéramos la gloria de Dios que resplandece en el rostro de Cristo.

Pero tenemos este tesoro en vasijas de barro para que se vea que tan sublime poder viene de Dios y no de nosotros. Nos vemos atribulados en todo, pero no abatidos; perplejos, pero no desesperados; perseguidos, pero no abandonados; derribados, pero no destruidos. Dondequiera que vamos, siempre llevamos en nuestro cuerpo la muerte de Jesús, para que también su vida se manifieste en nuestro cuerpo. Pues a nosotros, los que vivimos, siempre se nos entrega a la muerte por causa de Jesús, para que también su vida se manifieste en nuestro cuerpo mortal. Así que la muerte actúa en nosotros, y en ustedes la vida.

Escrito está: «Creí, y por eso hablé». Con ese mismo espíritu de fe también nosotros creemos, y por eso hablamos. Pues sabemos que aquel que resucitó al Señor Jesús nos resucitará también a nosotros con él y nos llevará junto con ustedes a su presencia. Todo esto es por el bien de ustedes, para que la gracia que está alcanzando a más y más personas haga abundar la acción de gracias para la gloria de Dios.

Por tanto, no nos desanimamos. Al contrario, aunque por fuera nos vamos desgastando, por dentro nos vamos renovando día tras día. Pues los sufrimientos ligeros y efímeros que ahora padecemos producen una gloria eterna que vale muchísimo más que todo sufrimiento. Así que no nos fijamos en lo visible, sino en lo invisible, ya que lo que se ve es pasajero, mientras que lo que no se ve es eterno.

De hecho, sabemos que, si esta tienda de campaña en que vivimos se deshace, tenemos de Dios un edificio, una casa eterna en el cielo, no construida por manos humanas. Mientras tanto suspiramos, anhelando ser revestidos de nuestra morada celestial, porque cuando seamos revestidos, no se nos hallará desnudos. Realmente, vivimos en esta tienda de campaña, suspirando y agobiados, pues no deseamos ser desvestidos, sino revestidos, para que lo mortal sea absorbido por la vida. Es Dios quien nos ha hecho para este fin y nos ha dado su Espíritu como garantía de sus promesas.

Por eso mantenemos siempre la confianza, aunque sabemos que mientras vivamos en este cuerpo estaremos alejados del Señor. Vivimos por fe, no por vista. Así que nos mantenemos confiados, y preferiríamos ausentarnos de este cuerpo y vivir junto al Señor.

Animados en la debilidad

Lo primero para observar en este pasaje, y por cierto en toda la carta, es lo extraordinariamente animada que es. Ya vimos que 2 Corintios exhibe a Pablo en su situación más débil: consumido por la ansiedad pastoral, bajo presión, censurado sin piedad, batallando una rotunda oposición y soportando que algunos directamente lo descarten, y viviendo en angustia debido a lo que sabía, temía e imaginaba que decía sobre él esta turbulenta iglesia de Corinto. Habría sido de esperar que su sensación de debilidad en relación a los corintios lo amargara y lo llevara a dirigirse a ellos en forma distante y defensiva. Pero no; no lo vemos derrumbarse ante la crítica, no vemos que se enfríe su afecto pastoral; y la esperanza para el futuro, tanto aquí como en el más allá, se derrama en todo lo que dice. Toda la carta es una maravillosa demostración de amor inagotable y esperanza invencible. Lo que nos importa aquí es la esperanza de Pablo.

Estudios recientes han resaltado la afición de los escritores bíblicos por lo que podríamos llamar «modalidad sujetalibros»; es decir, por enmarcar lo que tienen para decir sobre un tema en particular con declaraciones iniciales y finales que, en efecto, unen sus voces para expresar lo que se desarrolla en el espacio intermedio; la primera afirmación es introductoria y la segunda es a modo de conclusión. (En la época anterior a la división por párrafos y por capítulos, esta era una manera conveniente de separar y redondear unidades de pensamiento. Y, por supuesto, refleja lo que hacemos los humanos (y lo que siempre hemos hecho) en nuestra comunicación oral. Cuando tenemos algo complejo y significativo para decir, empezamos con una declaración general que después vamos desarrollando, y cerramos con una afirmación de síntesis que corresponde con esa declaración, y que retoma y reúne los distintos cabos que separó nuestra elaboración. Esto explica cómo es posible que uno pueda llegar a entender la idea de un libro leyéndolo por encima; es decir, saltando de la primera a la última oración de cada párrafo).

Ahora, veamos los marcos que encierran el mensaje esencial de 2 Corintios. (Permíteme aclarar algo: 12:11–13:14 es un epílogo personal sobre la visita próxima de Pablo, separado de las cuestiones sustanciales que planeó antes de empezar a dictar la carta.

En este aspecto, se compara con Romanos 15:14–16:27, que también viene a continuación del marco de cierre de la epístola).

Aquí tenemos el marco de apertura, 2 Corintios 1:3-4:

> Alabado sea el Dios y Padre de nuestro Señor Jesucristo, Padre misericordioso y Dios de toda consolación, quien nos consuela en todas nuestras tribulaciones para que, con el mismo consuelo que de Dios hemos recibido, también nosotros podamos consolar a todos los que sufren.

Esta es una declaración mucho más fuerte de lo que tal vez parezca, porque la palabra «consolación» en español ha perdido gran parte de su significado. Cuando se escogió en el siglo XVI para traducir estos versículos, significaba lo que el verbo en griego significa; es decir, una renovación de la fuerza a través del aliento. Hoy, cuando «consolación» sugiere quizás alguna forma de alivio y de reducción del dolor, es fácil pasar por alto el verdadero sentido de lo que Pablo está diciendo. Él está alabando a Dios por Su infinita provisión de fortaleza para ayudarnos a seguir adelante y a levantarnos en toda ocasión, y les está asegurando a los corintios que, aunque tal vez ellos piensen que está derrotado, todavía no está acabado.

Y aquí tenemos el marco de cierre, 12:9-10:

> [Cristo] me dijo: «Te basta con mi gracia, pues mi poder se perfecciona en la debilidad». Por lo tanto, gustosamente haré más bien alarde de mis debilidades, para que permanezca sobre mí el poder de Cristo. Por eso me regocijo en debilidades, insultos, privaciones, persecuciones y dificultades que sufro por Cristo; porque, cuando soy débil, entonces soy fuerte.

¿Positivo? Sí, estupenda y maravillosamente positivo. Y, como seguramente ya está claro, el tono y el modo de todo lo que Pablo escribe entre los dos marcos, tema a tema, es igualmente positivo. Por más que Pablo está escribiendo desde una situación de debilidad y, sin duda, una sensación de debilidad más intensa de la que encontramos en cualquier otra de sus cartas, no cae en autocompasión; tampoco expresa tristeza ni condenación, sino su sensación de triunfo constante en Cristo frente a cualquier obstáculo. Además, está declarando su esperanza certera de gloria cuando llegue al final de su carrera por este mundo. Esta esperanza para su futuro personal —una esperanza que, para hacer eco del Sr. Firme, de Bunyan, yace como un carbón encendido en su corazón— es la que determina su actitud frente a todas las presiones del presente, como veremos a continuación.

Una vida sobrenaturalizada

En 2 Corintios 4:7, seguimos el tren de pensamiento de Pablo. Hablando en nombre de sus colegas del ministerio, así como por cuenta propia, como ya ha estado haciendo desde el principio del capítulo 3, Pablo contrasta el «tesoro» que los siervos de Dios tienen con las «vasijas de barro» en las cuales lo tienen. El tesoro es el conocimiento de la gloria de Dios frente a Jesucristo, quien ahora es el Señor entronizado del mundo; las vasijas de barro son nuestros cuerpos físicos frágiles y vulnerables, expuestos a toda clase de debilidad, dolor, degeneración y angustia concebible. Entonces, en 4:8-10, Pablo procede a dar la primera de sus tres listas de problemas reales que están presentes en su ministerio y el de ellos (los otros están en los capítulos 6, otro pasaje en plural, y el 11, donde Pablo habla en primera persona del singular).

En el versículo 7, dice que el propósito de Dios en esta situación es que el «tan sublime poder» —el poder demostrado en su ministerio fructífero— se perciba como proveniente de Dios y no de ellos; y en los versículos 10-11, nos dice cuál es la naturaleza de este poder: la vida de resurrección de Cristo. Según Pablo, los que ministran el evangelio llevan en sus cuerpos el proceso de muerte (eso es lo que significan las palabras algo inusuales en griego) que Jesús soportó en la cruz. ¿Qué implicó ese proceso de muerte? Dolor y agotamiento, junto con ridículo y burlas, todo a la enésima potencia; un estado de tortura que haría que cualquiera deseara morir para que todo se termine. Sin embargo, afirma el apóstol, los mensajeros de Cristo se ven sostenidos, energizados y empoderados a pesar de estos factores debilitantes externos, mediante un proceso diario de renovación interior. Entonces, «la muerte actúa en nosotros, y en ustedes la vida» (4:12). Sin embargo, llegará el momento en que «aquel que resucitó al Señor Jesús nos resucitará también a nosotros con él y nos llevará junto con ustedes a su presencia. Todo esto es por el bien de ustedes», para llevarlos a formar parte del coro cada vez más grande de acción de gracias que la gratitud por la gracia, en sí generada por gracia, está produciendo «para la gloria de Dios» (4:14-15).

Mientras tanto, por más duro que sea el camino para los ministros, «no nos desanimamos» (4:16, como en el v. 1). «Mantenemos siempre la confianza» (5:6, 8). Mientras que nuestro ser externo y público (la persona que lleva nuestro nombre y que el mundo conoce, o cree que conoce) se va desgastando, nuestro ser interior (la persona que nosotros conocemos y que Dios conoce) se va «renovando día tras día. Pues los sufrimientos ligeros y efímeros que ahora padecemos producen una gloria eterna que vale muchísimo más que todo sufrimiento» (4:16-17). Estamos camino a casa, y nuestro hogar será glorioso. Y contemplar esa gloria, por más que lo hagamos de manera inadecuada, apuntala la mente y el corazón para resistir el efecto debilitador, el tirón hacia abajo a la apatía y la desesperación que el dolor, la hostilidad, el desánimo, el aislamiento, el desprecio y la experiencia de que nos malinterpreten (además de todo el resto del sufrimiento) tendrían naturalmente sobre nosotros.

Los ministros de Cristo seguirán adelante, sin importar lo que suceda. El mundo que observa bien puede preguntarse dónde encuentran la energía para hacerlo, pero a ellos no les preocupa la confusión de los de afuera. Lo que los anima y los impulsa es el poder de su esperanza, al no fijarse «en lo visible, sino en lo invisible, ya que lo que se ve es pasajero, mientras que lo que no se ve es eterno» (4:18).

Así es como, por gracia, el Dios de la gracia sobrenaturaliza la vida natural, corporal y mortal de todos aquellos que, a través de la fe, están en Cristo, unidos a Él por el Espíritu Santo para hallar un poder y una alegría ilimitados. La esperanza que Dios nos enseña lleva a una fortaleza dada por Él. Cuando, humanamente, somos débiles, entonces somos fuertes en el Señor. Esto sucedió con los apóstoles y sus colegas hace dos milenios, y hoy también puede y debe ser nuestra experiencia.

LA GLORIA

Una marca de la vida sobrenaturalizada, como Pablo la describe, es la realidad de la aparición de la gloria en su interior; o tal vez debería decir glorias, porque la palabra «gloria» se usa en esta parte de la carta, así como en otras partes de la Biblia, en tres sentidos diferentes pero relacionados. El peso o la gravedad, y la majestuosidad consecuente, son ideas inherentes en la raíz de la palabra hebrea, y los tres usos del término conllevan matices de estas ideas.

«Gloria» se refiere, en primer lugar, a lo que Dios muestra, y a lo que nos muestra a nosotros; es decir, Su propia presencia activa que se manifiesta a los ojos, los oídos o ambos. En la época y el texto del Antiguo Testamento, el aspecto visual de esta gloria se presentaba en símbolos; principalmente dos: una luz blanca deslumbrante, similar a la del sol, como la que irradiaba el rostro de Moisés después de haber estado con Dios (2 Cor. 3:13), y un trono inmenso y ocupado, tal como el que vieron Isaías y Ezequiel (ver Isaías 6; Ezequiel 1). En marcado contraste, en el Nuevo Testamento, la gloria que inspira asombro está en el rostro o la persona (la palabra griega se puede referir a ambas cosas) del Señor Jesucristo, el Dios encarnado (2 Cor. 4:6; ver Juan 1:14; 17:5, 24).

Segundo, «gloria» se refiere a aquello que los piadosos le dan a su Dios: alabanza porque Él ha probado ser digno de recibirla. Este es el sentido de la palabra en 2 Corintios 4:15. El primero y el segundo sentido se encuentran en la clásica Eucaristía Anglicana, donde el Libro de Oración reza: «El cielo y la tierra están llenos de tu gloria. Gloria sea a ti, Señor Altísimo». La alabanza a Aquel que es digno y la adoración del que es adorable son aspectos básicos del amor a Dios con todo el corazón, la mente, el alma y las fuerzas que Jesús identificó como el gran mandamiento de la ley.

Tercero, por extensión de su primer significado, «gloria» señala a la obra transformadora de Dios que sigue obrando en nosotros, mediante la cual, «todos nosotros, que [...] reflejamos [...] la gloria del Señor, somos transformados a su semejanza con más y más gloria» (3:18). Esta es la gloria que Dios les concede a los hijos de Su pacto, a aquellos que tienen una fe viva en Cristo y que están unidos a Él, y en quienes ahora habita el Espíritu Santo, el experto en edificar el carácter y formar hábitos. Aunque verdaderamente sobrenatural, la transformación no está en esta vida física; más bien, consiste en «el fruto del Espíritu [...] amor, alegría, paz, paciencia, amabilidad, bondad, fidelidad, humildad y dominio propio» (Gál. 5:22-23). El Espíritu imparte en el corazón, como una cuestión de propósito, el deseo y el hábito de alcanzar el perfil moral de Jesús, lo cual es la semejanza de Cristo en el sentido más significativo de la expresión.

De hecho, este proceso es la primera etapa de ser glorificado con Cristo, como Él ha sido glorificado; este es el destino que Dios ha preparado para los que creemos (ver Rom. 8:17, 30). Y como la formación constante de las cualidades del carácter de Cristo en nosotros es sobrenatural, también lo es el proceso cognitivo mediante el cual llegamos a conocer lo poco que conocemos al respecto, y sobre las demás dimensiones de la obra venidera de Dios en nuestras vidas. A través de este proceso, que Dios lleva a cabo en nosotros por el Espíritu de Dios y a través de Su Palabra, descubrimos que cada uno de nosotros es una obra en proceso, ya que «los

sufrimientos ligeros y efímeros que ahora padecemos producen una gloria eterna que vale muchísimo más» (2 Cor. 4:17). Además, descubrimos que esta obra de gracia que nos transforma
avanza a medida que «no mirando [el verbo
griego se refiere a una mirada intensa y sosteni-
da] nosotros las cosas que se ven, sino las que no
se ven; pues las cosas que se ven son temporal-
es, pero las que no se ven son eternas» (v. 18,
RVR1960). Con esta clase de mirada llegamos a
vivir, en el sentido más pleno.

Parece paradójico hablar de mirar —y de mirar intensamente, como dice Pablo— lo que es
invisible e imperceptible en este momento, pero
el propósito de Pablo al hablar de esta manera,
evidentemente es grabar su llamado a una disciplina mental y espiritual de pensamiento sos-
tenido sobre nuestro objetivo de gloria. Él sabe
que es lo mejor que puede hacer para mantener la
mente y el corazón cristiano apuntados en la dirección correcta (hacia delante), para que nuestra esperanza llene el horizonte, y al contrarrestar
nuestra debilidad adhiriéndonos a nuestra fuente de fortaleza, podamos seguir adelante, peregri-
nando con esperanza hasta que lleguemos. Esto,
contrario a lo que pensaba Robert Louis Steven-
son, será el final más feliz que pueda imaginarse.

LA ESPERANZA CUMPLIDA

Entonces, ¿qué podemos esperar? Segunda
Corintios 5:1-8 nos presenta con lenguaje vívido
ese aspecto de nuestra esperanza que contrarresta,

cancela y relega a los recuerdos lejanos estos «sufrimientos ligeros y efímeros» (problemas de salud, miembros tullidos, dolores corporales; ideas, recuerdos, relaciones y circunstancias personales que empeoran cada vez más; insultos, crueldades y todo lo demás). Esta esperanza nos llena de un gozo deslumbrado al ver que todo puede ser tan bueno. Pablo afirma que recibiremos una nueva morada, una nueva vestimenta y una nueva vida de hogar acompañados por nuestro Señor. Suena maravilloso, y sin duda lo es. Es más, parece demasiado bueno para ser cierto, pero ese no es el caso. Concentrémonos en esto, a medida que nos acercamos al cierre.

En primer lugar, observa la certeza de lo que nos están por decir. «Sabemos», dice Pablo (5:1). ¿Cómo? Sin duda, por las palabras de Jesús, y además, supongo, por revelaciones dadas a Pablo directamente. En 12:7, el apóstol se refiere a estas «sublimes revelaciones»; supongo, aunque no puedo probar, que lo que Pablo nos asegura específicamente en 5:1-8 está entre estas revelaciones. Sobre la base de esto, prosigo.

A continuación, observa el contenido de la seguridad de Pablo.

1. Recibiremos una nueva morada.
Pablo empieza a revelar la esperanza personal del cristiano hablando del cuerpo, y contándonos sobre un cuerpo mejor que vendrá. Como todos sabemos, los humanos somos almas dentro de un cuerpo... seres personales; es decir, individuos que han recibido un cuerpo donde vivir y a través del

cual vivir. Nuestro cuerpo tiene tres propósitos:
(1) Sirven para experimentar realidades, las cuales
vemos, escuchamos, tocamos, gustamos, olemos y
a las que reaccionamos con sentimientos de toda
clase. (2) Nuestro cuerpo también sirve para ex-
presarnos, lo cual hacemos con expresiones en
nuestro rostro, declaraciones y tonos de voz, mo-
vimientos de nuestras manos y cambios en nuestra
postura, que muestran lo que está sucediendo en
nuestro interior. Y (3) nuestros cuerpos son para
disfrutar, ya que percibimos los principales placeres de la vida —la comida, la bebida y las sensa-
ciones dulces de toda clase— a través de nuestro
cuerpo. Una vida incorpórea, como la que imaginaba Platón, en la cual los únicos placeres son
intelectuales, sería algo muchísimo más pobre que
la vida corpórea que vivimos en realidad.

Sin embargo, hay un lado negativo. El oficio
de Pablo era fabricar tiendas, así que, por un
lado, no nos sorprende que imaginara el cuerpo
que habitamos ahora como una tienda, una resi-
dencia temporal. Pero como hombre civilizado
del primer siglo, plantador de iglesias y pastor
que vivía en una ciudad cuando no estaba de
viaje, tampoco nos sorprende que imaginara el
cuerpo mejor que nos espera como una casa en
vez de una tienda: una habitación permanente
y de mejor calidad, a la cual Dios prometió que
un día nos mudará. Las tiendas, a fin de cuentas,
son moradas sumamente vulnerables. Tienen fil-
traciones, quedan empapadas por la lluvia y go-
tean, dejan pasar el frío y el calor, y la tierra que
la rodea (y a veces la que está adentro) se enloda,

haciendo que la suciedad de la superficie forme parte de la experiencia de campamento.

He acampado en una tienda (en esta época, ¿quién no lo ha hecho?), y no me gustó para nada, aunque sé que la mayoría de las personas son distintas y disfrutan de acampar, al menos en pequeñas dosis. Sin embargo, según supone Pablo, y por cierto tiene razón, si a cualquiera se le da a elegir vivir a largo plazo en una tienda o en una casa, elegirá una casa; es decir, un lugar donde no existan las limitaciones y las incomodidades de la vida en una tienda.

Pablo dice que, al vivir en nuestras tiendas corporales, suspiramos (¡dos veces, 5:2, 4!), y con razón. Nos enfrentamos a toda clase de enfermedades, malestares y problemas; y a medida que envejecemos, la realidad y la percepción de nuestras limitaciones crece y crece. Por un lado, el suspiro expresa un anhelo intenso de la casa corpórea que vendrá, y por otro lado, una intensa frustración (nos sentimos «cargados», apesadumbrados) por los aspectos de la vida que están fuera de nuestro alcance, que tan solo quedan en suposiciones o que nos son contrarios en el presente. (En estos primeros versículos de 2 Corintios 5, Pablo continúa desde su testimonio de llevar en el «cuerpo la muerte de Jesús», en 4:7-18. Dar ese testimonio seguramente lo dejó con un fuerte anhelo interior de su futuro hogar celestial. Esto parece reflejarse en la intensidad emocionante de los versículos que siguen. Sin embargo, está claro que al usar la primera persona del plural en este párrafo, Pablo está incluyendo a todos los cristianos consigo mismo en todo momento, al menos hasta el versículo 10).

2. Recibiremos una nueva vestimenta.
Algunas expresiones de Pablo respecto a lo que les espera a él y a sus lectores son impactantes. Empieza refiriéndose a la posibilidad de que su tienda «se desarme» (2 Cor. 5:1, NTV). Esto refleja su conciencia de que, en los altibajos de su travesía, en medio de diversas formas de hostilidad humana y con la espina en la carne como compañera constante, su vida siempre estaba en riesgo y podía terminar, de manera repentina y violenta, en cualquier momento. Y una muerte precipitada, como él sabía y nosotros también sabemos, puede ocurrirle a cualquier creyente. Todos debemos estar siempre listos para dejar este mundo, y esa es la única manera de vivir bien.

Después, en los versículos 3 y 4, encontramos a Pablo negando la idea de que, una vez que nos despidamos de nuestro cuerpo, nos vayamos a sentir «desnudos» o «desvestidos», en un estado de pérdida permanente. Esto no es lo que queremos ni lo que tendremos. Al contrario, lo que nos espera es la posesión de una nueva morada, «de Dios un edificio, una casa eterna en el cielo, no construida por manos humanas» (5:1). Nos «revestiremos» de esta casa, como quien se pone un atuendo sobre el que ya tiene puesto (un sobretodo, por ejemplo, para salir a la calle en un día de frío). Entonces, no estaremos «desvestidos, sino revestidos» por lo que Dios está haciendo en nosotros, «para que lo mortal sea absorbido por la vida» (v. 4).

Las metáforas están algo mezcladas y borrosas, pero el significado esencial queda claro. No importa qué suponga la obra divina de colocarnos en nuestros cuerpos resucitados (y eso es más de lo que podemos imaginar ahora), no será algo empobrecedor sino enriquecedor. No nos parecerá frustrante sino satisfactorio. Y ya está en camino. «Es Dios quien nos ha hecho para este fin y nos ha dado su Espíritu como garantía de sus promesas» (v. 5). La presencia transformadora del Espíritu Santo en nuestros corazones y nuestras vidas (ver 3:18) es el depósito o el anticipo mediante el cual Dios nos asegura que este revestimiento (o «sobretodo», como lo expresa un comentarista) es algo garantizado.

A esta altura, como ya insistimos, Pablo está concentrado en su apología pastoral personal; no está en modo enseñanza y no nos dice todo lo que quisiéramos saber sobre el destino que está describiendo. En particular, no aborda la cuestión de si este revestimiento ocurre en el momento en que morimos, o si el plan de Dios es que todos los cristianos, a partir de los apóstoles, esperen juntos hasta que Cristo vuelva públicamente a traer la resurrección general. En 4:14 parece sugerir la segunda opción, pero entonces surge la pregunta: ¿cómo debemos concebir la vida en el estado intermedio entre nuestra muerte y resurrección? Y es una pregunta que queda sin respuestas concretas. Sencillamente, no lo sabemos, porque no se nos ha dicho.

Sin embargo, ya tenemos un pensamiento clave al respecto: en ningún momento sufriremos ninguna clase de pérdida o empobrecimiento por haber dejado atrás nuestro cuerpo. Y una segunda idea fundamental es que, desde el momento en que morimos, estaremos en casa con nuestro Señor Jesucristo. Esto es algo que Pablo esperaba con ansias. «Mientras vivamos en este cuerpo estaremos alejados del Señor. [...] y preferiríamos ausentarnos de este cuerpo y vivir junto al Señor» (5:6, 8). Todos los creyentes deberían sentirse así, porque no importa cuán ancianos seamos o enfermos estemos, pensar en nuestro futuro con Jesús nos fortalecerá y alegrará nuestro corazón. Jesús mismo, desde Su trono, se encargará de eso.

¿Qué podemos decir en términos positivos sobre la transformación, o el cambio de cuerpo, que nos espera, lo cual Pablo describe aquí como instalarnos en la nueva casa que será nuestro hogar? Hay que admitir que no mucho, y las cosas positivas son en realidad negativas. En la casa nueva e ideal en este mundo, todo funciona a la perfección y no hay desperfectos, y en nuestros cuerpos resucitados, sucederá lo mismo. El Jesús resucitado siguió siendo reconocible, así que podemos estar seguros de que cuando seamos «revestidos» nos sucederá lo mismo. Nos reconoceremos unos a otros y eso nos dará alegría.

Podemos estar seguros de que nuestro nuevo cuerpo corresponderá y expresará perfectamente nuestro nuevo corazón perfeccionado; es decir, nuestra naturaleza y nuestro carácter moral y espiritual renovados. Ese cuerpo nos reflejará en nuestro mejor momento, más que como seamos físicamente en el momento de partir de este mundo; por cierto, deberíamos esperar una apariencia física mejor de la que jamás tuvimos aquí. El cuerpo nuevo nunca se deteriorará, sino que conservará su condición prístina eternamente. No habrá tensiones interiores entre un deseo y otro, cada uno tirando para un lado opuesto, y el deseo de hacer algo jamás se encontrará sin la energía y la capacidad para hacerlo. Cuando estemos en la gloria, tampoco nos faltará amor por el Padre, el Hijo y el Espíritu Santo, y por todos los hermanos y hermanas en Cristo que estén allí con nosotros, y se los mostraremos.

Sin embargo, hasta ahí podemos llegar.

3. Recibiremos una nueva vida de hogar.
Ahora, Pablo llega al punto culminante del contraste que está marcando entre nuestra vida de fe en Cristo en este mundo y la vida futura prometida de verlo y estar eternamente lo más cerca que podamos de Él. Expresó este contraste, como hemos visto, con términos cotidianos: «alejados del Señor [...] junto al Señor» (2 Cor. 5:6, 8). Mientras estamos en este cuerpo, estamos alejados; pero cuando estemos lejos de este cuerpo, estaremos cerca, en casa. Jesús mismo les aseguró a Sus primeros discípulos: «Voy a prepararles un lugar. [...] vendré para llevármelos conmigo. Así ustedes estarán donde yo esté» (Juan 14:2-3). Esos discípulos representaban a todos los creyentes que existirían, y la

promesa de Jesús es una palabra para cada uno de nosotros.

De manera similar, cuando oró diciendo: «Padre, quiero que los que me has dado estén conmigo donde yo estoy. Que vean mi gloria» (Juan 17:24), estaba orando por ti y por mí, y por todos los creyentes de todos los tiempos. Cada día, todo cristiano puede, y por cierto debería, renovar su fe en la promesa y la oración, mirar bien hacia delante y afirmar con Pablo: «nos mantenemos confiados, y preferiríamos ausentarnos de este cuerpo y vivir junto al Señor» (2 Cor. 5:8).

MIRA ADELANTE, Y MIRA A CRISTO

Ya he dicho lo que tenía para decir sobre la debilidad como el camino en la vida cristiana. Hombres y mujeres en el mundo utilizan sus talentos e ingenio para abrirse caminos de fortaleza y éxito según los términos del mundo. Los cristianos planean caminos de fidelidad a Cristo sabiendo que suponen una debilidad evidente y real. Y se conforman con esto, al entender que las travesías de fidelidad, las cuales agradan a su Señor ahora, conducen a glorias finales.

Ni yo, que escribo estas páginas, ni cualquiera que las lea sabe aún cómo será en la práctica abandonar este mundo. Pero un día, todos deberemos hacerlo, y es maravilloso saber que, en algún momento del proceso de transición entre salir de este cuerpo y entrar al mundo venidero, Cristo mismo se encontrará con nosotros. De manera que podemos esperar que Su rostro sea lo primero que veamos en ese nuevo orden de vida al cual seremos mudados. Esperamos con ansias por la esperanza que nos sostiene, como evidentemente sostenía a Pablo, mientras vamos envejeciendo y aumentan nuestras debilidades, nuestras limitaciones y nuestras espinas en la carne. «Mantenemos siempre la confianza» (2 Cor. 5:6). Que así sea siempre.

Mientras tanto, el camino que transitamos está eclipsado —no, la palabra adecuada es iluminado— por el mismo Cristo, nuestro Salvador y Señor, el cual, aliado con el Espíritu Santo que habita en nosotros en forma real pero invisible, camina junto a nosotros todo el camino. Él, nuestro Mediador con el Padre y quien cargó con nuestros pecados, es nuestro pastor, nuestro guía y nuestro ejemplo. Él es la fuente de nuestra fortaleza en la debilidad y de nuestra esperanza para el cielo. Nos sostiene cuando nuestra vida y nuestro bienestar se ven amenazados, y Su entrega redentora por nosotros nos enseña a ser generosos con nuestras finanzas para aliviar las necesidades de los demás, una de las maneras en las que expresamos nuestra gratitud por gracia. Tales son los aspectos de lo que a veces se llama la suficiencia suprema de Cristo que muestra 2 Corintios. Para Pablo, el Señor Jesús es el centro de control de la vida en todo aspecto, y es nuestro ejemplo y nuestro facilitador a lo largo del camino.

Entonces, no es ninguna sorpresa que, en su oración de despedida, Pablo coloque al Señor Jesús primero en el santo equipo trinitario de tres personas que son el único Dios. «Que la gracia del Señor Jesucristo, el amor de Dios y la comunión [la vida compartida] del Espíritu Santo sean con todos ustedes» (13:14). Y esa es también mi oración para cerrar este libro.